中学校社会サポートBOOKS

見方・考え方を鍛える!
学びを深める 歴史 授業ネタ50

中学

梶谷真弘 編著

明治図書

　社会が大きく変化していく昨今，授業に求められるものも変わってきています。例えば，インターネットやSNS，AIなどの普及により，何かを知っているだけではほとんど意味がない状況になっています。また，様々な面で多様性が認められはじめ，学びの多様性も重視されるようになってきました。さらに，ICT環境が整えられ，授業でも多く用いられるようになりました。

　このように，様々なことが変化している中で，我々の授業もアップデートが求められています。ICTを駆使し，何かを「知る」だけでなく，多様な学びを認めながら，他者との協働を通して理解し，それを活用し，発信していく授業が求められています。

　しかし，様々な変化はありますが，授業に求められる本質は変わりません。例えば，次のようなことです。

1　授業に求められる本質

①学びたくなる　〈学びの入り口の保障〉

　どれだけ学問的に優れた内容でも，子どもに必要な内容でも，子どもが「学びたい」，「学ぼう」と思わなければ，学びは成立しません。子どもが「学びたい」と思うような「しかけ」を用意し，子どもを「学びの入り口」へ誘います。

②全員が参加できる　〈学びの平等性の保障〉

　一部の子どもにしかわからないことや答えられない問いや活動は，子どもの学力差を増加させ，わからない子の学ぶ権利を保障していません。学力を必要としない問いや活動から授業を組み立てることで，全員が授業に参

加できるようにして，学びの平等性を保障します。

③力をつける 〈学びの出口の保障〉

子どもが「学びたい」と思い，全員が参加できる授業でも，力がつかなければ意味がありません。授業者がねらいを持ち，授業のゴールを意識することで，学びの出口を保障します。

2 本書の特徴

①すぐ使える授業ネタが盛りだくさん

本書は，授業ですぐに使える授業ネタを50載せています。ほぼすべての単元を網羅していますので，必要なところからご活用ください。

②単なるおもしろネタではなく，力をつけるネタを厳選

「学びたくなる」のはもちろん，力をつけるネタを厳選しています。内容がわかるためのネタだけでなく，学びが深まるネタ，見方・考え方を鍛えて活用するためのネタなど，多様なネタを用意しました。

③授業のアップデートに役立つネタ満載

教師がクイズ形式で紹介するようなネタにとどまらず，探究するためのネタや，課題を解決するネタ，発信するネタなどが満載です。本書のネタを参考にし，実践していただくことで，授業のアップデートにつながります。

本書では，1章でネタを用いた授業のポイントを解説し，2章以降で授業ネタを紹介しています。必要なところから読んでいただき，ご活用ください。日々の授業に苦心される方の一助となれば幸いです。

（梶谷　真弘）

はじめに 002

子どもが熱中する「中学歴史」
教材研究と授業ネタ開発　成功のポイント

1　ネタを用いた授業デザイン ……………………………………………………010
2　ネタを用いると授業がこう変わる！ …………………………………………012
3　授業ネタの良し悪し ……………………………………………………………014
4　学びのデザイン …………………………………………………………………016
　コラム①　授業ネタの分類 ……………………………………………………018

見方・考え方を鍛える！
学びを深める「古代」授業ネタ

1　古代文明：キングダム！なぜ条件が悪い秦は，
　　中華を統一できたのか!? ………………………………………………………020
2　古代文明：万里の長城は意味があった？ ……………………………………022
3　縄文時代：縄文時代に人口が多いのは？ ……………………………………024
4　弥生・古墳時代：唐古・鍵遺跡と纏向遺跡を比較しよう！ ………………026
5　古墳時代：前方後円墳に秘められたパワー

―ヤマト王権勢力拡大のカギ― ……………………………………028

6　奈良時代：奈良時代の人々になりきって川柳を詠もう！ ……………030

7　奈良時代：シルクロードをたどろう！ ……………………………………032

8　平安時代：公家の藤原隆家が国土防衛！
　　　―刀伊の入寇から見える「平安時代」― ……………………………034

9　平安時代：白河上皇が変えた!?―雅な平安から武士の世へ― ………036

10　平安時代：家系図を活用する！！
　　　―摂関政治のおわりと院政の始まり― ……………………………038

　　コラム②　「わかるネタ」のポイント ……………………………………040

Chapter 3

見方・考え方を鍛える！
学びを深める「中世」授業ネタ

1　鎌倉時代：ジグソー学習「鎌倉殿の13人」 ……………………………042

2　鎌倉時代：荘園の侵略者，地頭
　　　―地頭はどうやって勢力を拡大させた？― …………………………044

3　鎌倉時代：力強い「鎌倉文化」を味わおう！ …………………………046

4　鎌倉時代：北条時宗は救世主？破滅者？―元寇から読み解く― ………048

5　室町時代：足利尊氏っていい人？悪い人？ ……………………………050

6　室町時代：南北朝時代―あなたの住む地域は
　　　北朝と南朝どっちだった？― …………………………………………052

7　室町時代：倭寇が東アジアの歴史を動かした？ ………………………054

8　室町時代：中世の海賊を再評価しよう
　　　―倭寇って本当に悪いヤツ？― ………………………………………056

9　室町時代：あなたは農民の行動をどう思う？
　　　―正長の土一揆の場合― ………………………………………………058

5

10	室町時代：応仁の乱から逃れた「文化人」の行方を追え！	060
11	室町時代：銀閣なのに銀色じゃないのはなぜ？	062
12	ルネサンス：どれが新しい３美神？	064
13	戦国時代：ザビエル戦国日本行きの是非を問う！	066
14	戦国時代：武田勝頼にエンパシー！ ―「武田家を滅ぼした愚将」は正しい？―	068
	コラム③　「深めるネタ」のポイント	070

Chapter 4

見方・考え方を鍛える！ 学びを深める「近世」授業ネタ

1	江戸時代：大坂の陣図屏風から見る戦国から江戸時代への変化	072
2	江戸時代：なぜ山田長政はタイのアユタヤで出世できたのか？	074
3	江戸時代：参勤交代の代案を江戸幕府に提案しよう！！	076
4	江戸時代：出島クイズで学ぶ江戸幕府の思惑	078
5	江戸時代：田沼意次の政策の是非	080
6	江戸時代：株仲間から江戸時代の経済に迫る	082
7	江戸時代：浅間山大噴火で日本が変わった!?―熊本型改革―	084
8	江戸時代：交渉ゲーム「ロシアの船がやってきた」	086
9	江戸時代：ペリー来航！ ―「みんなに相談」した阿部正弘の決断―	088
10	江戸時代：パクス・トクガワーナは誰が崩壊させた？	090
	コラム④　「活用ネタ」のポイント	092

見方・考え方を鍛える！
学びを深める「近代・現代」授業ネタ

1	明治時代：ラムネ・ワイシャツ・ミシンって何？	094
2	明治時代：小学校の出席簿，黒チョボは何？	096
3	明治時代：西郷隆盛「ラストサムライ」の本当の意味とは？	098
4	明治時代：ダンスホールと製紙工場の共通点―なぜイギリスは日本と条約改正を？―	100
5	明治時代：フェノロサの視点で日本を見てみよう	102
6	明治時代：パナマ運河設計に携わった青山士の境遇から国際情勢を捉える	104
7	大正時代：バウムクーヘンが日本に伝わった理由	106
8	大正時代：「令和デモクラシー」について考えてみよう	108
9	大正時代：竹久夢二の絵から大正時代を読み取ろう！	110
10	昭和時代：「南満州鉄道が爆破された！」―満州事変でメディアリテラシーも育む―	112
11	昭和時代：特攻隊の手紙，どう解釈する？	114
12	昭和時代：「ハチ公」「かるた」「虫」から読み解く戦時下の生活	116
13	昭和時代：鈴木貫太郎の人生から戦争の時代を振り返る	118
14	昭和時代：シデハライズムで戦後改革―五大改革から憲法9条まで―	120
15	昭和時代：分割統治計画はなぜ戦後実現しなかった？	122
16	昭和時代：田畑政治，オリンピック物語！	124

おわりに　126

Chapter 1

子どもが熱中する「中学歴史」教材研究と授業ネタ開発成功のポイント

Chapter 1 子どもが熱中する「中学歴史」教材研究と授業ネタ開発 成功のポイント

1 ネタを用いた授業デザイン

1 授業がうまくいかない原因

授業がうまくいかない原因は、様々です。例えば、次の原因があります。

---

①授業のねらいに関すること
　テストや受験のためだけでなく、なぜ社会科を学ぶのかの目的が不十分
②授業の内容に関すること
　社会科で扱う学問内容が不十分、もしくは難解過ぎる
③授業の方法に関すること
　学習方法づくりや、指導技術が不十分
④子どもの理解と対応に関すること
　子どもの学びやつまずきへの理解、特性への理解と対応が不十分

　上の①～④の原因に対して、授業者が自分なりの答えを持ったとき、自分の授業スタイルが確立されたと言えます。

　しかし、自分の授業スタイルを確立するまで、日々の授業は困難の連続です。自分の授業に問題意識をもち、「何とかしなければ」と思いながら、その時間も解決策も見つからず、ただただ毎日の授業に追われる方々は多いはずです。

　また、一定の授業スタイルを確立した方でも、自分の授業に課題意識をもち、さらに良い授業にしていこうと、日々の業務に追われながら取り組んでいらっしゃる方々もいます。ある程度、授業は成り立つが、どうすればさらに子どもたちが学びに向かい、深められるか、お悩みの方もいるでしょう。

2 ネタを用いた授業

　本書では，授業のうまくいかない原因に対して，主に②と③にアプローチするために，ネタを用いた授業を多数紹介します。

　本書で紹介するネタを用いた授業を実践することで，子どもたちが授業に熱中し，学習の中で見方・考え方を鍛え，学びが深まるようになります。

　例えるなら，現在，調理や冷凍の技術が発達し，電子レンジ一つで本格的な料理を家庭で味わえるようになってきました。本書のねらいも，紹介する授業ネタを通して，手軽に「本格的な授業」に近づけることです。②の学習内容と，③の学習方法を，ネタを用いた授業でクリアできます。そして，本書をきっかけに，さらに「良い授業」を追究していただければと思います。

　また，本書で大事にしていることは，次の2点です。

・子ども（たち）のせいにしない。

・一人残らず，全員を成長させる。

　これは，原因の④に関わる部分です。難しい内容を，そのまま子どもにぶつけるのでは，プロではありません。いかに，楽しく，わかりやすくするか，学びたいと思わせるか，ここがプロの腕の見せ所です。そのヒントが，本書で紹介する授業ネタにはたくさん盛り込まれています。

　そして，原因の①に関わる部分です。どれだけおもしろい内容でも，子どもたちに力がつかなければ，意味がありません。単なる遊びに終わります。本書で紹介するネタは，単におもしろいネタではなく，見方・考え方を鍛え，学びを深めるためのネタを厳選しています。

　本書で紹介するネタを用いた授業を，ぜひご自身で実践していただき，ご自身の授業スタイルを確立していってください。そして，ご自身の授業スタイルに合うように，より良いものに改善していってくださると幸いです。

（梶谷　真弘）

Chapter 1 子どもが熱中する「中学歴史」教材研究と授業ネタ開発　成功のポイント

2　ネタを用いると授業がこう変わる！

　ここでは，授業ネタを用いることで，授業がこう変わる！ということを紹介します。そのために，教科書通りに行った授業と，ネタを用いた授業を比較します。これは，教科書を批判しているのではありません。教科書は，学習教材の一つです。学習すべき内容が，端的に，わかりやすくまとめられています。授業者がうまく利用することで，教科書を効果的に活用でき，学びが深まる授業となります。

1 教科書通りの授業では…

　例えば，「戦国時代」の「織田信長の政治」の授業で考えてみましょう。この時間の目的を次のように設定します。

> 織田信長の政策の特徴を理解することができる。

　教科書には，織田信長の行った戦や，楽市楽座などの政策の説明や資料が掲載されています。この内容をそのまま教えると，バラバラとした個別の内容を説明することになります。

　織田信長ということで，歴史の好きな子どもにとっては，楽しく説明を聴いたり，教科書を読んだりするでしょう。しかし，そうではない子にとっては退屈な時間になります。また，個別の内容を知ることが学習の中心になるため，子どもたちに力をつけることもできません。

　社会科が好きではない，苦手な子どもにとっては，退屈な授業になります。一方，社会科が好きな子にとっては，歴史の個別の雑学を知るだけで，物知りが増えるだけになってしまいます。

Chapter1　子どもが熱中する「中学歴史」教材研究と授業ネタ開発　成功のポイント

2　授業ネタを用いると…

では，この授業に，ネタを用いてみましょう。

織田信長のイメージを聴いた後，次のように発問します。

織田信長は，どうして比叡山延暦寺を焼き討ちしたのだろう？

　子どもたちの素朴な考えでは，自分に従わない者に対する織田信長の厳しい制裁と捉えているでしょう。この素朴な考えに対して，「本当にそうなのか？」と資料を追加しながら，問いを繰り返します。

　すると，当時の仏教勢力というのは，多くの既得権益を持ち，武力も持った一大勢力であったことがわかります。また，仏教勢力の力の源だったのが，関所などの自由な経済活動を阻害するものでした。織田信長は，自由な経済活動を認め，商業活動を活性化することで，領内を豊かにし，力をつけていきました。織田信長の政策を進めるには，仏教勢力の既得権益を取り除く必要がありました。上の発問に対する答えを考えることで，織田信長の政策の特徴を理解することができるのです。

　このように，授業ネタを用いることで，知識を羅列的に扱うつまらない授業から，子どもたちが「知りたい！」「考えたい！」という気持ちで楽しく学習に向かうことができます。さらに，それだけでなく，見方・考え方を鍛えることができ，他の事例に応用できる力を育成することができるのです。

　紹介したような授業の急所をつく，ねらいと学習内容に合った良いネタを授業に取り入れることで，子どもたちが主体的に学習に向かい，仲間との対話が必然的に生まれ（対話的），深い学びを実現することができるのです。

（梶谷　真弘）

Chapter 1 子どもが熱中する「中学歴史」教材研究と授業ネタ開発　成功のポイント

3　授業ネタの良し悪し

1　ネタを用いた授業で失敗する2つの原因

経験の浅い先生方から，よくこんな相談を受けます。

「授業の導入でネタを用いると，すごく盛り上がっていい感触で授業できます。でも，そのネタが終わって授業の本題に入ると，子どもたちの表情が一変し，退屈そうにします。伏せてしまったり，学習に向かわなくなってしまいます。どうすればいいですか？」

この原因は，どこにあるでしょうか？私は，2つの原因があると考えます。

①悪ネタを使っている
②学びのデザインが不十分（次節で解説します）

本節では，①のネタの良し悪しを解説します。
そもそも，ネタが良くない場合があります。食材のネタを探すときにも，「目利き」が必要なように，授業ネタにも「目利き」が必要です。
私の場合は，次の3つで「目利き」をしています。

①子どもが考えやすいネタか
②子どもが「知りたい！」「考えたい！」「言いたい！」ネタか
③授業の目的や学習内容に向かえるネタか

Chapter1 子どもが熱中する「中学歴史」教材研究と授業ネタ開発 成功のポイント

❷ 授業ネタの「目利き」

①子どもが考えやすいネタか

　まず，子どもにとって考えやすい，ハードルの低いものであるかです。これは，内容と方法の２つに分かれます。

　考えやすい内容とは，子どもの日常生活とつながる内容や，以前に学習したこととつながる内容などです。ネタが，子どもにとって身近で，考えやすいものであれば，考えようという気になります。

　考えやすい方法とは，問い方や活動の仕方の工夫です。「何でしょう？」「なぜでしょう？」と聞かれても，なかなか答えられません。でも，選択肢を出して３択で答えさせたり，順位や量などの数字を答えさせたりする課題では，全員が参加できます。

②子どもが「知りたい！」「考えたい！」「言いたい！」ネタか

　次に，ネタの醍醐味である，熱中させるネタかどうかです。熱中させるには，いくつかのパターンがあります。

　例えば，「矛盾」を利用するパターンです。特に，子どもの素朴な考えと異なる事例を提示し，「どうして？」と問うと，子どもたちは熱中して考えます。他にも，「切実性」に訴えかけるパターンもあります。不条理な現実を提示し，「おかしい！」「何とかしないと！」と感情を動かすことで，熱中していきます。

③授業の目的や学習内容に向かえるネタか

　そして，授業の目的や学習内容に合致し，そこに向かうネタであるかどうかです。この部分がおろそかだと，ただ盛り上がるだけになったり，子どもたちが学習場面と切り離して考えてしまったりしてしまいます。目的や学習内容に向かうネタだからこそ，学びに向かい続けることができるのです。

　これらを意識して，ネタの「目利き」をしてみてください。

（梶谷　真弘）

Chapter 1 子どもが熱中する「中学歴史」教材研究と授業ネタ開発　成功のポイント

4　学びのデザイン

1　ネタを用いた授業の落とし穴

　ネタを用いた授業で，うまくいかない原因の2つ目は，「学びのデザインが不十分」ということです。

　前節の例では，ネタと学習内容が切り離されています。子どもの立場で考えると，ネタを用いて楽しく学習した後，急に教科書の話になって，やる気を失ってしまうのです。導入で盛り上がれば盛り上がるほど，余計にその後のモチベーションは下がります。ネタを用いた授業の落とし穴とも言えます。

　これは，1時間の学びのデザインに問題があります。では，どのように学びをデザインすれば良いのでしょうか？

　ここでは，ケラー氏が学習意欲に関わる4つの要因に着目して提唱する「ARCSモデル」をもとに考えていきます。ARCSモデルでは，子どもの学習意欲を，授業全体・単元全体で維持・向上させるように授業をデザインするための考え方です。

　ARCSモデルでは，学習意欲に関わる要因として，注意・関連性・自信・満足感の4つを挙げています。

　注意（Attention）では，子どもの関心を得られ，学ぶ好奇心を刺激するものが求められます。これは，授業のネタ自体を選ぶ基準でもあります。

　関連性（Relevance）では，子どもの日常やこれまでの学習に関連があり，取り組みやすいものが求められます。これも，授業のネタ自体を選ぶ基準でもあります。

　自信（Confidence）では，子どもが「自分にもできそうだ」と学習に見通しを持ち，学習がうまくいくゴールをイメージしやすいものや手立てが求め

られます。これは，授業のネタだけでなく，授業のデザインも含まれます。

満足感（Satisfaction）では，内発的・外発的動機づけによって，子ども
が学び続け，学習のゴールに向かい続けるための手立てが求められます。こ
れは，ネタをどう用いるか，授業をデザインする基準です。

② ARCSモデルを用いた学びのデザイン

下の表は，ARCSモデルの4つの要因の具体例を示したものです。

表　ARCSモデルの4つの要因の具体例

A：Attention 注意	・具体例や視覚情報で伝える ・人物に焦点を当てる ・図や漫画などを活用する ・矛盾や相反することなど，心の葛藤を引き起こす
R：Relevance 関連性	・普段の生活（生活知）とつながる課題 ・学んだこと（学習知）とつながる課題 ・競争やゲームを取り入れる ・共同学習を取り入れる ・学ぶ価値があると捉えさせる
C：Confidence 自信	・課題の難易度の調節 ・確認的（正しい），矯正的（間違い）フィードバック ・できると思える支援
S：Satisfaction 満足感	・学んだことを転用する機会の提供 ・取り組みや達成への称賛 ・外発的な報酬

（ケラー（2010）『学習意欲をデザインする』北大路書房，をもとに，筆者作成）

ネタをどのように授業で位置づけるか，学習のデザインを心がけましょう。

（梶谷　真弘）

① 授業ネタの分類

　授業ネタと言っても，様々です。「ネタとは何か」の問いには，多様な考えがあるでしょう。筆者は，表のような枠組みで考えています。

表　授業ネタの分類

	①素材ネタ	②ワークネタ
0. 興味・楽しい	0-①	0-②
1. わかる	1-①	1-②
2. 深める	2-①	2-②
3. 活用する	3-①	3-②

(筆者作成)

　まず横軸です。「①素材ネタ」は，モノや資料，小話などの素材によって，子どもを学びに向かわせ，力をつける授業ネタです。授業ネタの定番と言えるでしょう。一方，「②ワークネタ」は，素材ではなく発問，指示，活動，ワークなどで子どもを学びに向かわせ，力をつける授業ネタです。素材ネタがないときには，このワークネタが有効です。筆者は，この「ワークネタ」も，子どもを学びに向かわせるための授業づくりの肝なので，授業ネタと考えています。

　次に，縦軸です。「0．興味・楽しいネタ」は，「わかる」や「深める」ものではないが，子どもを学びに向かわせるためのネタです。子どもが興味のあるネタや楽しいネタは，授業ネタの大前提と言えるでしょう。「1．わかるネタ」，「2．深めるネタ」，「3．活用ネタ」は，後のコラムで紹介します。

　授業のどの場面に，どのような授業ネタを取り入れるかを考えることで，授業づくりの幅が広がります。

(梶谷　真弘)

Chapter 2

見方・考え方を鍛える！学びを深める「古代」授業ネタ

①古代文明

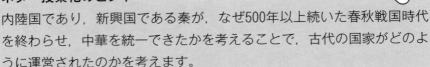

キングダム！なぜ条件が悪い秦は，中華を統一できたのか!?

> **ネタ→授業化のヒント**
> 内陸国であり，新興国である秦が，なぜ500年以上続いた春秋戦国時代を終わらせ，中華を統一できたかを考えることで，古代の国家がどのように運営されたのかを考えます。

授業のねらい

　映画化もされた人気漫画『キングダム』の舞台でもある秦の歴史を扱うことで，生徒の関心を惹きます。また春秋戦国時代を終わらせた秦の中華統一の要因を，地理的，経済的，社会的要因から分析します。

ネタ解説＆授業化のヒント

　アニメ「キングダム」1話，2分50秒〜4分17秒を流し，500年以上続いた中国の戦国時代を，秦が統一したことを確認します。

 発問：どうして新興国で地理的に不利な秦が中華を統一できたのか。

　秦は新興国であり，一番西にある内陸国です。また西側からの異民族の脅威もあり，他国よりも不利な状況に見えます。ですが実はこれこそが，秦の強みへと変わります。秦はこの異民族と同盟を結ぶことで，西に領土を広げ，背後を気にせず，他国との戦争にのぞめるようにしたのです。

　新興国であることも強みになりました。始皇帝が中華統一を達成する140年前，商鞅が「法」に基づいた改革を進めました。当時は氏族制度のもと，

各地の権力者が，庶民を支配しており，権力者が，各々罰を下していました。そのため「平等な法」で裁くことへの反発は強かったのですが，新興国の秦は，昔からの権力者が少なかったことで，受け入れられやすかったのです。

Q&A クイズ：「法」を浸透させるために，商鞅は何をしたか？

　法を犯した太子の守役を処刑，師を入れ墨刑にして，身分問わず，処罰することを全員に見せつけました。商鞅自身も最終的に法により裁かれ，処刑されており，庶民たちは法を守らなければ罰せられる，と考えたのでした。

　一方で，身分に関わらず，功績を挙げたものは褒美をもらえることから，兵の士気も上がりました。史実とは異なるでしょうが，『キングダム』の漫画内でも，元盗賊，元奴隷が将軍になっているシーンが描かれています。

　その他，秦以外の他国は，氏族制度が根強く，既得権益を守るため，侵略には消極的でした。また当時，各国貨幣経済が進展しており，富を蓄積できるようになったことから，商人が力をつけていました。それぞれの国で違う通貨が使われていましたが，商人にとっては，通貨が違うことは不都合です。現代でも企業が自由貿易を望むように，商人たちは中華を統一しようとする秦を積極的に支援したようです。

　この「法」によるアメとムチの政策を徹底することで，安定した国家運営が可能となり，また商人が支援することで，経済的にも豊かな国になった秦は，その後，中華を初めて統一する国となるのです。

　この授業後の展開は，なぜ短期間で秦は倒されてしまったのか，その他の古代国家はどのように安定した国作りをしたのか，を考えてもいいでしょう。

【参考文献】
渡邉義浩（2019）『始皇帝中華統一の思想『キングダム』で解く中国大陸の謎』集英社

（玉木　健悟）

②古代文明

万里の長城は意味があった？

ネタ→授業化のヒント
教科書の資料では立派な万里の長城だが，地方では2メールほどしかないことから，万里の長城を建設した歴史的意義について考えさせます。

授業のねらい

子どもの万里の長城に対するイメージと矛盾する資料を提示することで問いを生み出し，騎馬民族の特性や中華思想の考え方につなげるネタです。

ネタ解説＆授業化のヒント
地方の万里の長城の写真を提示する。

> 現存する万里の長城は後の明の時代に造られたものが大部分を占めます。また要所は守りを固めていましたが，地方はこのような石の壁のみの場所や高さが2mほどの場所もあるようです。このような万里の長城は意味があったのでしょうか。

「教科書にあるような城だったら守りが堅そうだけれど，写真のようなものだったらすぐに突破されそう。」
「高さもそんなになく，2mだったら飛び越えられると思います。」
「しかし，この万里の長城は匈奴という騎馬民族が侵入しないように造られたものなので，馬が飛び越えなければ意味があったと思います。」
「万里の長城から都まで距離があるので，馬から降りてそこから攻めていくのは大変だったのではないでしょうか。」

Chapter 2　見方・考え方を鍛える！学びを深める「古代」授業ネタ

『馬は障害物があると怖がるため，たとえ２ｍであっても騎馬で乗り越えることは困難でした。では，万里の長城によって北方の騎馬民族は防ぐことができたのでしょうか。』「元寇ってモンゴル帝国だから，万里の長城は突破されています。」「やっぱり意味がなかったのでしょうか。」
『次の資料は万里の長城の位置と秦の領土を表したものです。気がつくことはありますか。』

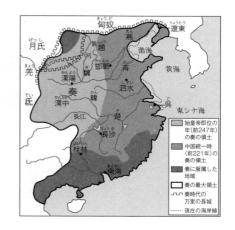

「万里の長城より北は秦の範囲ではありません。」「万里の長城が秦と他の国との境目になっているのではないですか。」
『始皇帝は初めて皇帝を名乗りましたが，それは中国を統一したからです。世界の中心「中華」が最も文化的であり，その外側に「野蛮な民族」がいるという考え方を中華思想といいます。万里の長城を境に中国と外敵とを区別していたと考えると，万里の長城は意味があったといえるでしょう。では日本はそんな中華思想においてどのように考えられていますか。』
「東夷と書かれています。中国から見て日本は，東の野蛮な民族だと思われているのでしょうか。」「野蛮な民族ではない，ということを証明していかなければ，いずれは日本も攻められてしまうのではないでしょうか。」
『先の話になりますが，聖徳太子がわざわざ中国の仏教を取り入れた理由はそこにあるかもしれませんね。同じ文化を共有するということは中国から日本を守るために必要な戦略だったのかもしれません。』
　このように歴史のつながりを意識し，後に学習する内容と関連付けることで歴史的な見方・考え方を育てたいです。

（行壽　浩司）

③縄文時代

縄文時代に人口が多いのは？

ネタ→授業化のヒント
縄文時代と弥生時代の人口分布から，当時の人々が食べていた食料の比較へとつなげ，縄文時代の人々の工夫について深めます。

授業のねらい

　弥生時代以降，西日本を中心に国が成立していくが，縄文時代は東日本に人口が多かった事実から問いを引き出し，食料と人口増加との関連性について考えを深めさせます。

ネタ解説&授業化のヒント

　次の資料AとBは縄文時代と弥生時代の人口分布を表したものです。どちらが縄文時代でしょうか。

「弥生時代は稲作が普及しているため，安定して食料を確保することができ，人口が多くなっていると思います。資料Bが弥生時代だと思います。」
『その通りです。資料Aが縄文時代，資料Bが弥生時代です。稲作によって安定して食料を確保することができたことが人口増加に影響をしています。縄文時代の人口分布について，何か気づくことはありますか。』
「東日本の人口が西日本より多いです。」

「東北地方が九州地方や近畿地方よりも多いです。弥生時代より後は西日本を中心に国が大きくなっていくので,意外です。」
『なぜ縄文時代は東日本に人口が多いのでしょうか。』
「シカやイノシシなどの動物を狩っています。山がいいのかな。」「魚介類も多い。」
「ドングリなどの木の実を食べています。植物の生育に関係するのでは？」
『狩猟・採集を行っていた縄文時代は,河川を遡上するサケ・マスや,クル

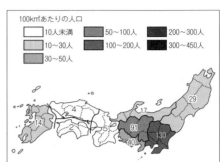

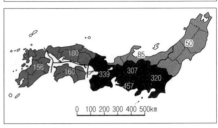

ミ・クリ・トチなどが東日本に多くありました。加えて,西日本に多い照葉樹林のドングリよりも,東日本に多い落葉広葉樹のドングリの方が,面積当たりの生産性が高かったようです。』
「だから三内丸山遺跡も青森県にあるのですね。」

　三内丸山遺跡は自生のクリ林区域の他に,栽培したクリ林区域があること,またエゾニワトコを原料とした果実酒も醸造していたことにも触れ,縄文時代の人々も計画的に食糧確保を行っていたことに気づかせることで,「縄文時代＝遅れている」というイメージを払拭し,より深く縄文時代の人々の暮らしを理解させます。

【参考文献】
・川幡穂高『地質ニュース659号　縄文時代の環境,その1―縄文人の生活と気候変動―』産業技術総合研究所地質調査総合センター,2009
・三内丸山遺跡センターHP『縄文時代の扉を開く』(2024年1月31日閲覧)
　https://sannaimaruyama.pref.aomori.jp/about/door/

（行壽　浩司）

④弥生・古墳時代

唐古・鍵遺跡と纒向遺跡を比較しよう！

ネタ→授業化のヒント

ヤマト王権始まりの地，古墳時代始まりの地とされている纒向遺跡と弥生時代の環濠集落である唐古・鍵遺跡を比較することによって，弥生時代から古墳時代にかけてどのような社会変化があったのかを考えます。

授業のねらい

　弥生時代から古墳時代の移行期に作られた纒向遺跡と弥生時代の環濠が何重にも張り巡らされた唐古・鍵遺跡を比較することで，どのような社会の変化があったのか，古墳時代とはどのような時代か，を資料から考えます。

ネタ解説＆授業化のヒント

Q&A　クイズ： 大仙古墳，クフ王のピラミッド，秦の始皇帝陵，最も全長が長いのはどれでしょうか？

　答えは，大仙古墳。続いてクイズ形式で，どれぐらいの年月がかかったのか，どれだけの人数が働いたのか等を続け，古墳の作り方や多くの人手と時間が必要だったことを解説します。
　そしてこの古墳が作られ始めたのが，奈良県桜井市にある纒向遺跡だとされており，この遺跡に含まれる箸墓古墳は，時代も合うことから，卑弥呼の墓ではないか，とされていることなどを解説します。

Chapter2　見方・考え方を鍛える！学びを深める「古代」授業ネタ

活動：唐古・鍵遺跡と纒向遺跡の復元図を比較して気づいたことを書こう！

　寺沢薫氏，加藤愛一氏により作成された纒向遺跡の想像復元図と唐古・鍵考古学ミュージアムに展示されている唐古・鍵遺跡の想像復元図をデータ等で配布し，比較して気づいたことをたくさん挙げてもらいます。

　生徒の意見としては，「何重にも張り巡らされた環濠がなくなっている」「同じような形の古墳が複数作られるようになっている」「大規模な水田が見られなくなっている」などが予想されるでしょう。

　またこの活動後，纒向遺跡では，近畿地方だけでなく，現在の中国・四国地方から関東までの土器，朝鮮半島の土器が出土していること，『宋書』倭国伝（487年）に祖先が東西・朝鮮半島を征服した記述があること，全国各地に同じ形の古墳が作られるようになったこと，を資料を用いて説明します。

課題：弥生時代から古墳時代にかけてどんな社会の変化があったといえる？

　村同士の争いをしていた弥生時代から，大きな範囲を支配する政権が誕生したことが課題の記述にあれば，時代の変化をよく読み取れているでしょう。尚，本実践は長年奈良県で歴史教育に力を入れられてこられた石橋源一郎先生にご指導いただきながら，実践した授業です。

【参考文献】
石橋源一郎（2022）「弥生時代から古墳時代へ―中学校社会科歴史的分野の授業づくり―」『纒向学の最前線　纒向学研究第10号』纒向学研究センター
桜井市観光まちづくり課（2017）「ひみこちゃんが「大和さくらい100選」一度は行ってみたいスポットを紹介―その41―」（2023年1月3日閲覧）
https://www.city.sakurai.lg.jp/material/files/group/6/himikochan201710.pdf
藤田三郎（2019）『ヤマト王権誕生の礎となったムラ　唐古・鍵遺跡』新泉社

（玉木　健悟）

⑤古代時代
前方後円墳に秘められたパワー
―ヤマト王権勢力拡大のカギ―

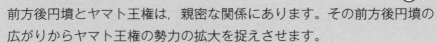

ネタ→授業化のヒント
前方後円墳とヤマト王権は，親密な関係にあります。その前方後円墳の広がりからヤマト王権の勢力の拡大を捉えさせます。

授業のねらい

　大仙古墳などの大規模な前方後円墳は，小学校でも学習します。本時では，「前方後円墳は大規模なお墓」という子どもの既有知識をさらに深め，前方後円墳に対する見方，特に政治的な側面において，思考を深めることをねらいとします。

ネタ解説＆授業化のヒント

　そもそも古墳とは何でしょうか。最初は「首長霊の祭祀の場」でした。このような首長霊信仰は，6世紀の仏教伝来が影響して，対象が古墳から寺院や神社へと変わっていきます。この影響もあって，6世紀に家族墓が多く作られるようになり，古墳は「お墓」という意味合いが強くなっていきました。
　古墳といえば，「前方後円墳」でしょう。前方後円墳のはじまりといえるのが，後のヤマト王権が生み出した奈良県桜井市の「箸墓古墳」です。その後，箸墓古墳にはじまった前方後円墳は，全国に拡大していきます。

 主発問：前方後円墳の広がりからどのようなことがわかるだろう？

主発問を考えていくために，次のような補助発問をします。

発問： なぜ，前方後円墳は全国に拡大していったのだろう？

　ズバリ「交易」がポイントです。ここで，「三角縁神獣鏡の出土分布」を提示します。実は，ヤマト王権は，他の豪族たちにはマネできない，質の良い銅鏡をつくる技術を持っていたのです。これを踏まえて，銅鏡が全国に出土していることから，各地の豪族は，質の良い銅鏡を祭器として求めて，ヤマト王権との交易を望んでいたことに気づかせます。

【ポイント】
ヤマト王権は，銅鏡と引き換えに，目に見える古墳の規模や古墳の形の違いによって，首長として人々を治める各地の豪族のランク付けをしていた！

　さらに付け加えると，前方後円墳は，ヤマト王権や王家と結んだ有力な豪族しか築くことができなかったのです。なお，このような古墳によって身分などを表す秩序の在り方を，都出比呂志氏は，「前方後円墳体制」と呼んでいます。
　本時の最後の課題です。ここまでの学習を踏まえて，主発問に対する回答を考えましょう。
　このように，授業において何気なく紹介されがちな前方後円墳に着目することによって，それが各地の豪族をヤマト王権の秩序に組み込む１つの政治的手段であったことに気づくことができ，「前方後円墳」と「ヤマト王権」に対する見方がともに変わるでしょう。

【参考文献】
・武光誠（2019）『古墳解読　古代史の謎に迫る』河出書房新社

（橋岡　大将）

⑥奈良時代

奈良時代の人々になりきって川柳を詠もう！

ネタ→授業化のヒント
クイズを通して奈良時代の貴族と農民の生活の格差を理解し，「税」制度が本格的に導入された奈良時代の社会のしくみを学習します。

授業のねらい

　奈良時代の人々の生活について，「何が苦しかったのか」「なぜ苦しかったのか」「そもそもなぜ税が必要なのか」を追究する活動を通して，わかったことをもとに川柳を通して学習内容をアウトプットします。

ネタ解説＆授業化のヒント

　クイズから授業をはじめます。
『(授業のタイミングで有名な人物を挙げて)　この人と奈良時代の最上級役人，年収が高いのは？』「(当てはまる方に挙手)」
『正解は奈良時代の役人です！多治比麻呂（たじひのまろ）さんは現在のお金で年収3.7億円です。』※平城宮いざない館　展示資料より
『この人の家の面積はある建物の面積2つ分です。何2つ分？』
「東京ドーム？」「東京ディズニーランド？」『USJ2つ分です！』
「役人は安定した生活が送れていそうだね。」
『ではなぜ役人は安定した生活を送ることができた？教科書を読んでわかったことを隣の人に説明しよう！』
「人々が戸籍に登録させられているよ。」
「戸籍に応じて税を納めないといけなくなっている。」

『奈良時代の人々はさまざまな税を負担しなくてはいけませんでした。
　何歳になった時点で税を納めないといけない？』「6歳。」
『6歳になると土地が支給される代わりに収穫した米の3％を税として負担
　しなくてはなりませんでした。6歳の子どもたちは嬉しかったのかな？』
「自分の土地があると嬉しい！」「役人が税を取り立てにくるのはイヤ。」
『ではこの歌を読んでみよう！（山上憶良の貧窮問答歌を提示）』
「家が曲がって傾いている…」「服ボロボロだって…」
『奈良時代の農民は生活苦しそうだよね…でも農民は収穫した米の何％を負
　担しないといけない？』
「3％」「ということは残りの97％は自分・家族のものだよね！」
『なぜその負担は決して重くないのに，農民の生活は苦しかったのだろう？
　ほかにどんな税があり，どのようなところが農民を苦しめたのかワークシ
　ートでまとめながら追究していきましょう。』
　生徒はワークシートに取り組む中で，税は租だけでなく庸や調があり，そ
れを都まで運脚する必要性があり，その負担が農民を苦しめたことや，公出
挙を例に貧民を救うための社会保障として税負担を求めたことなどを学習し
ます。その上で，

　活動： 奈良時代の役人か農民になって現状を伝える川柳を詠もう！

　川柳を持ち寄り，句会を開くなどのまとめの学習活動につなげることもで
きます。

【参考文献】
・梶谷真弘（2020）『経済視点で学ぶ歴史の授業』さくら社

（阿部　孝哉）

⑦奈良時代

シルクロードをたどろう！

ネタ→授業化のヒント
文化の授業は作品の羅列になりがちです。作品を味わいながら，「なぜそうなったのか」を考えることで歴史的分野の思考につなげられます。

授業のねらい

　世界がゆったりとつながっていたのが古代です。いろいろな文化が日本にも入ってきていた天平文化の雰囲気を理解するために，子どもたちにとって「日本らしくない」ものを紹介していきます。異文化の進んだものを取り入れ，発展した奈良時代を理解するのにも役立ちます。

ネタ解説＆授業化のヒント

　前時までに，奈良時代の土地制度などを学習し，その中で，貴族と一般の人々の食事の違いにも触れておきます。奈良時代の食器などの工芸品は木器か陶器です。本時は次のようにスタートさせます。（宮内庁の正倉院のサイトからすべての宝物の画像にアクセスできます。）

Q&A　（正倉院の宝物「瑠璃杯」「白瑠璃碗」の画像を提示して）
　クイズ： この器はどこの国のものでしょう？

　子どもたちの反応として，「ヨーロッパ」や「エジプト」が出てくることが多いです。答えは「ペルシャ」となります。（正確な生産地は不明ですが，当時のペルシャのデザインに近いため）「ペルシャ」と言われても子どもた

見方・考え方を鍛える！学びを深める「古代」授業ネタ

ちはイメージできないので，現在のイランであることを伝え，地図で確認させます。続いて，有名な螺鈿紫檀五絃琵琶を提示し，またどこの国のものかを予想させます。ラクダのイメージからエジプトという意見が出ますが，五弦琵琶はインドが発祥です。

Q&A　クイズ：この品物はすべて同じ国で見つかっています。どこでしょう？

　もちろん正解は日本です。正倉院の写真を見せ，『すべて聖武天皇のコレクションです』と紹介しましょう。そして，「シルクロード」の地図を示し，改めて，宝物のルーツとなるところを示していきましょう。これらの宝物がどのようにして正倉院に集まってきたのか，正確なルートは不明です。「シルクロード」というと，「江戸の東海道のように整備された道がつながっていた」と思っている方もいらっしゃるかと思いますが，そうではありません。ヨーロッパから中国や日本まで，互いに影響しながら，一部やりとりがあっただけと考えられています。「瑠璃杯をペルシャから取り寄せた」のではなく，良い品が商人により町から町へと売られていき，正倉院にたどりついたのです。瑠璃杯は中国で銀の加工を施されたということも明らかになっています。子どもたちに直接伝えるのは難しいですが，こうしたイメージを教員が持っておくことが大切です。

　さて，正倉院宝物は文化の学習の導入です。様々な文化と交流のあったことをおさえ，天平文化を整理していきましょう。

【参考文献】
・ヴァレリー・ハンセン　田口未和訳（2016）『図説シルクロード文化史』原書房

（西田　義彦）

⑧平安時代

公家の藤原隆家が国土防衛！
―刀伊の入寇から見える「平安時代」―

ネタ→授業化のヒント
刀伊の入寇という平安時代の国土防衛戦に対する朝廷の対応やその結末から平安時代の特質を学びます。

授業のねらい

　国土の防衛は国家の役割です。しかし，平安時代はそうではありませんでした。国土防衛戦をアウトソーシング（外部委託）した平安時代の「刀伊の入寇」から，平安時代という特異な時代の理解を深めます。

ネタ解説＆授業化のヒント

　藤原道長があの有名な「この世をば…」を詠んだ半年後，50隻の刀伊の軍勢が突如対馬，壱岐を襲いました。そして朝廷は九州の大宰府にこの事件の対応を託しました。いわば国土の防衛戦という現在の防衛庁の機能をアウトソーシング（外部委託）したのです。朝廷は神社に外敵退散を祈祷させ，街道の警備を固めただけでした。この防衛戦の指揮をとったのは当時大宰権帥であった藤原隆家でした。

　発問：どうして公家の藤原隆家が刀伊に勝てたのだろう？

　「公家にも武士みたいに強い人がいるのかな。」『実は公家であっても武芸はやっていたという説があります。』『大鏡』の「弓争い」を提示します。「道長も武芸に励んでいたんだね。」この『大鏡』の「弓争い」は，道長がラ

イバルである甥伊周や兄道隆の前で見事な弓の腕前を見せた話として有名です。ちなみに，この道隆の子で，伊周の弟が他ならぬ刀伊を撃退した隆家です。

さらに，隆家と共に戦ったのが，「やんごとなき武者」と呼ばれた強者たちです。隆家と共に都から下ってきた公家の傭兵（平氏）や，かつて都から下ってきて在地化した九州の地方武士で，その強さが証明されました。

発問：平安時代は，○○な（の）時代。○○を考えて説明しよう！

貴族文化の平安時代，藤原道長の最盛期であっても武士の存在が大きく，また，地方武士と共に戦ったのが武芸に励んだ公家だったのです。子どもたちの公家（貴族）や平安時代そのもののイメージが変革することを期待します。また国土防衛に対する中央の意識がこの時代だけ希薄なのも注目に値します。次に来る武士中心の鎌倉時代の萌芽がすでに摂関政治最盛期に見られるのです。さらに，鎌倉幕府の学習をした後に，次のような発問も可能です。

発問：日本が武士の世になったのはいつだろう？

これは時代を大観する学習です。次頁に筆者の白河上皇の実践があります。これらの実践を踏まえて，鎌倉時代の終わりにこの発問をすると，日本が貴族社会から武士社会へ変わった時期の解釈が複数出てきます。子どもたちに時代を俯瞰させる絶好の機会となります。

【参考文献】
・関幸彦（2021）『刀伊の入寇―平安時代，最大の対外危機―』中央公論新社
・五味文彦（2021）『武士論―古代中世史から見直す―』講談社

（佐伯　侑大）

⑨ 平安時代

白河上皇が変えた!?
―雅な平安から武士の世へ―

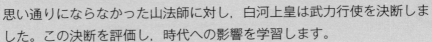

ネタ→授業化のヒント
思い通りにならなかった山法師に対し，白河上皇は武力行使を決断しました。この決断を評価し，時代への影響を学習します。

授業のねらい

　権力者の行いは，世にその正当性を与えます。それまでの摂関家に代わって絶大な権力を保持し，院政を開始した白河上皇が，寺社勢力である山法師に対して初めて武力で応じます。一気に武士の世に突入したこの白河上皇の決断を評価し，時代の変化や影響を捉えます。

ネタ解説＆授業化のヒント

　『源平盛衰記』の「白河法皇三不如意」を提示します。
　『〇〇〇，鴨川の水，双六の賽，これこそ朕の如意ならざるもの』

 発問：白河上皇が思い通りにならなかった〇〇〇とは？

　簡単に予想した後，『山法師強訴図屏風』を提示します。
　『これは誰が何をしているところですか？』「お坊さんがいるね。」「神輿をかついでいるよ。」「武器も持っているね。」「戦っているのかな。」
　『これは，山法師と呼ばれる，比叡山延暦寺の武装したお坊さんたちが，朝廷に強訴しているところです。強訴とは，神の威光をたてにして，様々な要求や訴えを強引に押し通すことをいいます。』白河上皇は，これに困って

いました。
「朝廷側にも，屋敷を守る武士がいるよ。」
『この頃，白河上皇は個人的に武士を雇って，警護にあたらせていました。これを「北面の武士」といいます。後に活躍する源氏や平氏も，北面の武士を務めています。そして，1095年，とうとう白河上皇は山法師に武力行使し，矢で4人の僧兵を殺してしまいます。神輿も壊しました。』

発問：白河上皇の武力行使に賛成？反対？

賛成側としては，「お寺や神社であっても，神の威光で朝廷を脅すのは良くない」などの意見が出ます。反対側としては，特に「朝廷が武力行使してしまったら，それが正しい行いだと世に示してしまう」という意見が重要になります。事実これを機に武士の世に一気に突入することになりました。
前頁「刀伊の入寇」で示した「日本が武士の世になったのはいつだろう？」の発問に対して，この白河上皇の武力行使も十分選択肢に入ります。

活動：山法師のトリセツを書こう！！

1079年に延暦寺僧徒強訴，1082年に熊野神職強訴，1093年に興福寺僧徒強訴がそれぞれ起こっています。1095年の武力行使後も度々強訴は行われ，時には数千人規模にのぼりました。子どもたちは，各々強訴の歴史と朝廷の対処を調べ，時代背景や経緯もふまえてこの山法師（寺社勢力）をどのように扱えばよいか，「トリセツ」にまとめます。

【参考文献】
・美川圭（2021）『院政　増補版―もうひとつの天皇制―』中央公論新社
・美川圭ほか（2021）『摂関政治から院政へ』吉川弘文館

（佐伯　侑大）

⑩平安時代

家系図を活用する!!
―摂関政治の終わりと院政の始まり―

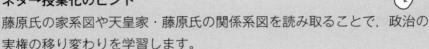

ネタ→授業化のヒント
藤原氏の家系図や天皇家・藤原氏の関係系図を読み取ることで，政治の実権の移り変わりを学習します。

授業のねらい

　本時では，平安時代の後期にあたる摂関政治期や院政期の政治の実権の移り変わりを，藤原道長・頼通の家系図や天皇家・藤原氏の関係系図から読み取ることで，人間関係からアプローチすることをねらいとします。

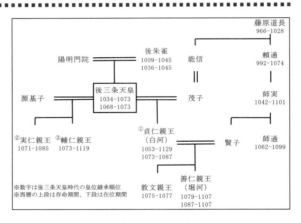

天皇家・藤原氏の関係系図

ネタ解説&授業化のヒント

　藤原道長・頼通の家系図を提示します。

 発問：摂関政治は，いつまで続くのだろう？

　「藤原頼通で終わる。」『なぜ藤原頼通で終わると考えましたか？』「藤原頼通の娘に皇子がいないから。」

摂関政治を進めていくうえで，藤原氏が権力を握ることができた条件を，藤原氏の家系図から気づかせます。

結果として，藤原氏を外戚としない後三条天皇が即位します。そして，後三条天皇は，摂関家の力が及ばないように王家主導の政治を確立しようとしていたことを補足します。

天皇家・藤原氏の関係系図を提示します。

『後三条天皇は，どのように皇位を継承していくと思いますか？』「皇太子である貞仁親王（白河天皇）に継承する。」『でも，貞仁親王（白河天皇）は摂関家に近くないですか？』

王家主導の政治を確立させるためにも，後三条天皇は，源基子との間に産まれた実仁親王や輔仁親王の系統に皇位を継承したかったため，白河天皇は一時的に天皇の座に就くというワンポイントリリーフ的な立場だったのです。

 発問：では，なぜ白河天皇は院政をはじめることになったのだろう？

天皇家・藤原氏の関係系図から考えさせます。

「実仁親王が白河天皇より先に亡くなってしまったから。」「白河天皇が，まだ幼い子の善仁親王（堀河天皇）に皇位を継承したから。」

真相はこうです。実仁親王が白河天皇より先に亡くなってしまい，皇太子が空位になってしまいました。そこで，白河天皇は皇位を自分の子や孫に継承するために，8歳の子の善仁親王を皇太子とし，即日譲位して（堀河天皇），自らは上皇となったのです。そして，白河上皇は（摂政である藤原師実の死などがあり）結果として，実権を握り，院政をはじめることとなったのです。

【参考文献】
・美川圭（2021）『院政　増補版―もうひとつの天皇制―』中公新書

（橋岡　大将）

② 「わかるネタ」のポイント

　「わかるネタ」は，教科書の内容を理解することを目的とした授業ネタです。「わかるネタ」のポイントは，次の2つです。

1．具体化

　歴史を具体的にするために，人物に焦点を当てます。例えば，江戸時代の社会を理解するために，淀屋常安に焦点を当てます。淀屋橋をつくったのは，どんな人物だったのか，淀屋常安の功績を追うことで，中之島に米の取引所をつくり経済を活性化させていったこと，平和な世になり生産技術の向上と流通手段の発達によって商業が発達し，世界最先端の経済システムが成立していったことを学習できます。

2．身近化

　歴史では，現代とつながるネタを用いることで，時間的距離を縮めます。例えば，鎌倉新仏教には，「テクノ法要」を導入に用います。現代でも，仏教を広めるために様々な方法が用いられます。鎌倉時代には，平安時代までとは異なり，多くの人が信仰できる形の仏教の宗派が生まれ，広がっていったことを学習できます。

【参考文献】
梶谷真弘（2023）『オーセンティックな学びを取り入れた中学校歴史授業&ワークシート』明治図書

（梶谷　真弘）

Chapter 3

見方・考え方を鍛える！学びを深める「中世」授業ネタ

①鎌倉時代

ジグソー学習「鎌倉殿の13人」

ネタ→授業化のヒント
「ジグソー学習」を歴史授業に取り入れる一例です。大河ドラマ『鎌倉殿の13人』を入口にし，武家政権草創期の社会の動きを捉えさせます。

授業のねらい

　院政期に中央権力と近づき力をのばしていく平氏・源氏の動きと，相次ぐ内乱に注目させ，北条氏が台頭する背景をつかませます。**ジグソー学習**の手法を取り入れることにより，一人ひとりがつくった歴史認識を交流させ合いながら，教科書内容に沿った歴史の流れを理解させることをめざします。

ネタ解説＆授業化のヒント

　武士が初めて登場する授業です。初めに，次の発問をします。

 発問：次の４つの絵の共通点は，何だろう？

　ここで示す絵は，①大名行列，②福沢諭吉の肖像，③平将門の肖像，④江戸時代の下級役人の４つ。問いの答えは，**「すべて武士」**です。答えを示すときに，福沢諭吉の若いころの髷を結った姿の肖像を示すと，「え～っ！」と，子どもたちから驚きの声が上がります。長く続く武士による支配の時代が始まることを伝えます。そして，『小学校で学習した源平の合戦を覚えているかな？その様子が近年のNHK大河ドラマで描かれていました。主人公は，この人です。』と話し，俳優の小栗旬さん扮する北条義時の姿を見せま

す。「鎌倉殿の13人だ。」「お父さんが見ていたよ。」「北条氏だったっけ？」などと反応する子どもたちが出てくることでしょう。

発問：源平合戦を経て，当時の実権を握ったのは，なぜか北条氏でした。なぜこうなったのか，みんなで説明を完成させましょう。

　学習課題を伝え，ジグソー学習法について説明します（ここでは割愛）。歴史授業でジグソー学習を取り入れる際，視点を分ける手法も有効だと思いますが，今回は「場面を分けてつなぐ」という手法で学習を展開します。

場面A　「平清盛は，どんなことをした？」
場面B　「源平合戦って，どんな戦い？」
場面C　「源頼朝は，どうやって全国を支配した？」
場面D　「承久の乱って，どんな戦い？」

　子どもたちは4人のホームグループで担当場面を決め，調べ学習をします。ヒントとして，「保元の乱」「源義経」「暗殺」など，各場面にいくつかのキーワードを示しておくとよいでしょう。その後，エキスパートグループに分かれて調べた内容を共有し合い，深めます。そして，再びホームグループに戻ります。まとめの活動では，全ての場面をつなぎ，できるだけたくさんのキーワードを使って北条氏台頭の背景を説明させると，協同学習で歴史の流れを捉えさせることができるものと思います。計2時間で進めてもよいです。
　この授業で武家政権樹立時の社会の動きのあらましを捉えた後，次時以降の授業では，「武士とは何か」「院政と武士」「武士の暮らし」「鎌倉時代の文化」を掘り下げて学んでいくと，**大まかな時代把握という土台をもとに，きっと一人ひとりの子どもが学びを深められる**ことでしょう。

（宮本　一輝）

②鎌倉時代

荘園の侵略者，地頭
―地頭はどうやって勢力を拡大させた？―

ネタ→授業化のヒント
承久の乱前の幕府の勢力図や下地中分絵図から，鎌倉幕府の勢力がどのように拡大したかを学習します。

授業のねらい

　1185年，源頼朝は各地に守護・地頭を設置し，武士が主役の政権，鎌倉幕府を開きます。しかし，当時の幕府の支配地域は限られたものでした。鎌倉幕府の勢力が拡大した理由を，地頭の荘園進出にみることで，土地支配がより重要となった時代背景の理解につなげます。

ネタ解説＆授業化のヒント
　1185年，源頼朝は荘園ごとに地頭を設置しました。幕府が地頭を設置することができた地域に色を塗った日本地図を提示します。

　発問：幕府の勢力は，全国に及んでいたと言えるだろうか。

　「東日本にしか色が塗られていない！」「全国を支配していたわけじゃなかったの？」『幕府は，東北・関東地方以外の地域では，平氏が持っていた荘園以外に地頭を置くことができませんでした。それ以外の荘園は朝廷の支配が及んでおり，まだまだ朝廷の影響力が大きかったようです。』
　そんなさなか，後鳥羽上皇率いる朝廷軍が倒幕のため兵を挙げます。承久の乱です。この戦いに幕府軍は勝利，これまで手を出せなかった荘園に，地

頭を設置することに成功します。しかし，事実上荘園を治めているのは「荘園領主」。地頭は年貢を徴収する管理人に過ぎません。しかし地頭は，徐々に荘園を侵略していきます。

　地頭らが力をつけていく様を，「伯耆国河村郡東郷荘下地中分絵図」から読み取ります。

　『まず地図の中で，「地頭分」と書かれている範囲に色を塗りましょう。』「半分くらい塗れちゃった。」『色を塗った範囲が，地頭が直接支配した地域です。』「あれ，地頭は年貢をとるだけが仕事じゃなかったの？」『地頭の中には，荘園領主に納めるはずの年貢を横取りするものも現れます。』「荘園領主にしたら，年貢が届かないのは困る。」

　発問：あなたが荘園領主なら，年貢を納めてもらうためにどうするだろう？

　『地頭が荘園の半分を支配したということと関連付けて考えましょう。』「地頭と交渉する。」「荘園を半分渡すから，年貢に手を付けないでほしいと頼む。」

　このように，荘園を荘園領主と地頭で二等分にする「下地中分」が各地で起こりました。地頭が土地の支配者となるとともに，幕府の勢力も拡大していくことを読み取らせます。

　地頭は収入の多い「おいしい」仕事でした。地頭に任命され，土地支配を行うことで，御家人らは力を強めていきます。このような背景から，土地を支配することの重要性がより一層高まりました。この考え方は，以降登場する御成敗式目や鎌倉幕府滅亡への布石になります。

【参考文献】
・多賀譲治（2011）『知るほど楽しい鎌倉時代』理工図書株式会社

（楠本　海豊）

③鎌倉時代

力強い「鎌倉文化」を味わおう！

ネタ→授業化のヒント
鎌倉時代の芸術作品を鑑賞し，鎌倉文化の特徴を捉え，当時どのような武士観や仏教観が現れていたのかを学習します。

授業のねらい

　鎌倉時代の文化はよく「質実剛健」と表現されます。武士や庶民の気風が反映された力強い文化です。当時の作品に現れる武士観と仏教観を，作品の鑑賞，前時代との比較を通して深く理解し，鎌倉仏教の学習へとつなげます。

ネタ解説＆授業化のヒント

 活動：男衾三郎絵詞から読み取れることを書きましょう。

　「武士の館。」「弓を射る人がいる。」「館の前で大きなかごを持った人が捕まえられている？」『絵詞なので，絵と詞（文章）が書かれています。』〈馬庭（武士の家の庭）の末に生首絶やすな。切り懸けよ。此の門外通らん乞食・修行者めらは（中略）駆け立て駆け立て追物射にせよ〉
　「生首を家の前に絶えず供えろってこと？」「よく見れば，人に向かって弓を射ようとしている。」『この絵詞は武士の凶暴さを非難するものではなく，むしろ勇猛さを讃えるためのものでした。今の感覚とは少し違いますが，当時の武士の力強さを表しており，このような絵詞がたくさん書かれました。』
　次に大仏縁起絵巻を提示します。『1180年，ある有名なお寺が平氏によっ

て焼き討ちされました。教科書から探そう。』「東大寺」『祈りの対象である仏が、「人の手」によって焼かれたことが、当時の人々にとっては大きな衝撃でした。』

　源平の争乱後、源頼朝が東大寺復興に動きます。頼朝は奈良の仏師である運慶に、仏像づくりを依頼しました。

活動：運慶がつくった金剛力士像（阿形像と吽形像）と平安時代の仏像（釈迦如来や阿弥陀如来）の違いを探そう！

　「金剛力士像の方が怖い顔をしている。」「平安時代の仏像は目が半開きになっているけど、金剛力士像は見開いている。」『作品から分かる鎌倉文化の特徴は？』「力強い、武士らしさが作品に反映されている。」

　社会の動乱や権力の変動、末法の到来が起こり、仏の位置づけが「礼拝の対象」から「守るべき対象」にかわりました。頼朝にとっても、守護神としての仏像を新たにつくらせないといけないという意識が強まったのでしょう。これは作成される仏像の目が、現世や来世を遠く見つめる「半眼」から、守護神としての強さを表す「開眼」となっていることにも表れています。芸術や文化からそれらの特徴、社会構造や仏教観の変容を見取る力を鍛えながら、庶民の生活に大きな影響を与える鎌倉仏教の学習につなげることができます。

【参考文献】
・本郷和人（2019）『承久の乱 日本史のターニングポイント』文藝春秋
・NHK取材班（2001）『その時歴史が動いた⑨』KTC中央出版

（楠本　海豊）

④鎌倉時代
北条時宗は救世主？破滅者？
―元寇から読み解く―

> **ネタ→授業化のヒント**
> 北条時宗は，「日本を危険にさらした人物」という見方もあります。元寇を元軍側の視点から捉えることで，この見方について深めていきます。

授業のねらい

　元寇といえば，「北条時宗」というイメージをお持ちではないでしょうか。しかし，実際には，北条時宗は一連の元軍とのやり取りにおいて，何もしていないという見方もあります。そのため，本時では，元寇を元軍の視点から捉え，北条時宗に対する見方について，深めていきます。

ネタ解説＆授業化のヒント

　『蒙古襲来絵詞』を提示します。
　『何を描いた絵巻物ですか？』「元軍と日本軍が戦う様子」

　発問：なぜ元軍は日本に攻めてきたのだろうか？

　『大蒙古国皇帝奉書』を提示します。
　『史料から何が読み取れますか？』「日本に，元のもとへ使節を送ることを求めている」
　『国書を読んで，どのように感じましたか？』「威圧的」「上から目線」
　実は，国書の最後に見える「不宣」という言葉から，元からの国書は，かなり丁寧な文章であったという見方もあります。

48

『日本は，どのような返事をしたのだろう？』「使節を送ります。」「友好的になりましょう。」

なんと，時の執権である北条時宗は，返事すらせず，無視し続けました。そこで，元は日本に偵察にやってきます。「文永の役」です。その後，もう一度元が日本に使者を送りますが，日本は使者団一行を斬首してしまいます。

『元軍は，一連の出来事をどのように感じるだろう？』「交渉する気はないようだ。」「日本の行動にはあきれる。」

そして，怒った元は再び日本に出兵します。「弘安の役」です。元がやみくもに日本を攻めたのではないということが明らかでしょう。

文永の役の後，北条時宗は，九州沿岸の守りを固めるために福岡の博多の海岸に防塁を築きます。この防塁が弘安の役において機能したという見方もあります。しかし，なぜ北条時宗は，文永の役の前に，元軍が攻めてくることを想定し，十分な対策をしなかったのでしょうか。元に対して失礼な態度を取ったことから，元が攻めてくることは想定できたのではないでしょうか。

以上のことから，研究者の間では，北条時宗は日本を危険にさらしてしまった人物であるという見方をする者もいます。

発問： あなたは，北条時宗が日本を危険にさらしてしまったという人物であるという見方に賛成？反対？

なお，元寇は，軍事物資となる日本の「硫黄」が原因という見方もあれば，国書を無視され続けたことによって，フビライのメンツを潰されたことが原因であるという見方があります。

【参考文献】
・服部英雄（2017）『蒙古襲来と神風　中世の対外戦争の真実』中央公論新社
・本郷和人（2021）『日本史の論点』扶桑社

（橋岡　大将）

⑤室町時代

足利尊氏っていい人？悪い人？

ネタ→授業化のヒント
鎌倉末期から室町時代は，勢力がころころと変わるので，流れを追うだけでは難しくなりがちです。尊氏について複数の立場から評価することで流れを整理できるだけでなく，現代社会を見る視点も養えます。

授業のねらい

鎌倉幕府滅亡から室町幕府の成立まで，「足利尊氏」を評価することで時代の移り変わりへの理解を深めます。説明されただけでは理解しにくいので自分で整理させます。

ネタ解説＆授業化のヒント

鎌倉幕府の滅亡を取り扱った後，新たな登場人物として，朝廷に力を取り戻そうとする「後醍醐天皇」と，鎌倉幕府に不満を持っていた「足利尊氏」を紹介します。

 課題：後醍醐天皇と足利尊氏の親密度をグラフにしよう！

横軸に1333年〜1338年の年代を，縦軸は親密度を＋100から－100まで取ります。動画などで流れをある程度理解したあとに，各自でグラフに取り組ませます。社会科教員にとっては当たり前の部分でも，子どもたちは初めて学ぶことなので理解できているようで理解できていません。当然，最初は親密度100の２人が，建武の新政により心離れていき，南北朝のころには最悪に

なるということですが，子どもたちに自分でアウトプットさせることが大切です。個人で取り組んだ後は，グループで共有し，事実の読み取りの精度を高めます。その上で次の課題に移ります。

課題：尊氏っていい人？悪い人？それぞれの場面，立場から尊氏を見て尊氏へコメントしよう！

次のような表をワークシートに作成します。すべてを一人でやるのは大変なので，グループ内で分担を決めてさせるとよいでしょう。ごく簡単に例をあげておきます。

	鎌倉幕府	後醍醐天皇	一般の武士
1333年	御家人なのに逆らうとは何事だ！	頼りになる武士だ！	武士のために頑張ってくれている！
1334年		武士のくせに生意気だな…	貴族中心はうんざりだ。
1338年		私が真の天皇なのに許せない！	武士の政治を復活させてくれ！

複雑な鎌倉から室町を整理することができます。一部の権力者だけで政治を行うことはもはや不可能で，有力者による合議制という室町幕府の基本までつなげることもできます。

まとめとして，「尊氏はいい人？悪い人？」という問いに対し，自分の意見を考えさせます。子どもたちには，現代の視点から考えさせます。このような人物評価の文章は取りまとめて，みんなでコメントできるようにすると盛り上がります。ICT端末を用いることができれば，議論も白熱します。もちろん，立場によって評価は変わります。しかし，それは現代の政治でも同じです。だれがどの立場から批判しているのか，に目を向ける大切さにも気づかせたいところです。

（西田　義彦）

⑥室町時代

南北朝時代
―あなたの住む地域は北朝と南朝どっちだった？―

> **ネタ→授業化のヒント**
> 南北朝時代は南朝・北朝のどちらの「天皇」につくかという難しい選択・判断が迫られました。当時の身近な武士の葛藤について学習します。

授業のねらい

　南北朝時代は教科書で60年近く戦いが続いたと簡単に書かれていますが，他の時代と比べて南朝・北朝のどちらにつくかの選択が一族の明暗を分けてしまう，難しい判断が迫られる時代です。地域教材として自身が住んでいる地域も例外ではなかったことに気づかせることで，歴史が自分事になります。

ネタ解説＆授業化のヒント

　南北朝時代の北朝・南朝側についた有名な武士が色分けして分かりやすく配置された日本地図（当時の勢力図）を提示します。

 活動：南北朝時代はどんな時代であったか当時の勢力図から考えよう！

「日本全国で南朝側と北朝側の勢力が入り乱れている」「これだけ勢力が拮抗していると北朝から南朝に裏切るということもあるのではないか」

 活動：あなたの住む地域は当時，北朝と南朝どっちだったか調べよう！

　このネタを活用する際，事前に教師の下準備が大事になります。タブレッ

ト端末で生徒が調べることは簡単ですが，それが正しい情報であるかを事前に理解しておく必要があります。なお，同じ市であっても，かつてはちがう武士の支配地域であることもあります。学区内レベルにまで絞り込むことで，同じ市内でも対立状態があることは切迫感のある教材になると考えています。教師が市町村史を読む，郷土資料館での調査を行うことで，正確に情報を伝えられるようになります。例として，私の勤務する埼玉県春日部市内の多くは下総国葛飾郡の下河辺荘という荘園を領地とする春日部重行という後醍醐天皇側（南朝）の武将が支配する地域でした。一方で，市内の一部は武蔵国埼玉郡の太田荘という荘園でした。こちらは足利尊氏側（北朝）についています。ここまで身近な地域が60年近くどちらにつくべきかという争いがあったことを知ることで，過去の歴史が自分事になっていきます。

　発問：南北朝の内乱が続くと地方の守護はどんなことを考えるだろうか？

「うまくいっていない幕府を関係なく思って自分たちの土地のことだけを考えるようになりそう。」「南朝・北朝側でも都合の良い方につくと考える。」
『実際に地方の守護はどのような権限を認められましたか？』「軍事・警察権だけでなく，荘園の年貢の半分を取り立てる権限を認められた。」
『さらに守護は領国の武士を家来として従え，国司に代わって一国を支配する守護大名へと成長し，中央の幕府から自立していきました。』

【参考文献】
・林家辰三郎（2017）『南北朝 日本史上初の全国的大乱の幕開け』朝日新聞出版
・春日部市（2004）『時の光彩─春日部の歴史』春日部市市制施行五十周年記念事業実行委員会

（小谷　勇人）

⑦室町時代

倭寇が東アジアの歴史を動かした？

ネタ→授業化のヒント
14世紀半ばからの東アジアの歴史は倭寇によって翻弄された時代です。倭寇の活動に対して，各国が対応したことが歴史を大きく動かします。

授業のねらい

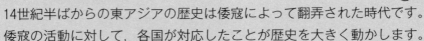

　東シナ海にて倭寇の活動が盛んになったことで，明は対策に乗り出します。それが勘合貿易（日明貿易）です。この貿易は商業の発達など，日本に新たな流れをもたらします。倭寇への対策が東アジアの歴史の変化にどのようにつながっていったか生徒に捉えさせます。

ネタ解説＆授業化のヒント

　倭寇が襲来したことを知らせる「のろし台」があったことが現在の地名になっている中国山東省の煙台市を紹介します。その後，『倭寇図鑑』の絵図を提示して，倭寇とはどのような人たちであったか確認します。

 活動：当時，東アジアで活動した倭寇とはどのような人たちか調べよう！

　「のろしを上げて襲来を知らせたので侵略者では。」「『倭寇図鑑』の絵図を見ると，船に乗って戦っているので海賊行為をしていたのでは。」

 活動：倭寇対策として東アジア諸国はどのようなことをしていたか。

明が求めていたのは，東アジアの伝統的な国際関係（朝貢）の復活でした。そのためにも，海賊行為を含めた私的な交易につながる倭寇は，取り締まる必要が出てきます。そこで行われたのが，勘合を活用した勘合貿易（日明貿易）です。日本と明の間で，どのような輸出入の品目があったのかを簡単に触れます。これによって，当時の日本，明のそれぞれが必要としていたものが分かります。なお，足利義満は，倭寇対策をしっかりと行ったことで，明から「日本国王」としての地位を何とか認められるに至りました。

　また，朝鮮半島においても，倭寇対策が必要でした。むしろ，前期倭寇の時期は朝鮮半島の方が，倭寇の被害の大きい地域でした。最終的には，朝鮮半島でも勘合に似たしくみができます。

 発問：倭寇対策は，東アジア諸国にどんな変化をもたらしたか？

「日本では勘合貿易を通して商業が発達し，堺や博多などの都市の商人が力を持ち出した。」
「明は勘合貿易を通して，東アジアの伝統的な国際関係を復活させた。」
「朝鮮半島では，倭寇の侵入を食い止めた李成桂が英雄となり高麗を倒し，国名を朝鮮と改めるという変化が起きた。その後，勘合と似たしくみで日本とも貿易を行っていたようです。」
『東アジア諸国の共通点はありますか？』「倭寇をおさえる対策をとった制限のある貿易でしたが，貿易品を中心に交流が活発に行っています。」
『倭寇は日本人だけでなく朝鮮人や中国人もいた集団でした。当時は国境を感じさせず，東アジアの海全体が密接につながって東アジア諸国に大きな影響を与えていた時代です。』

【参考文献】
・田中健夫（2012）『倭寇 海の歴史』講談社学術文庫

（小谷　勇人）

⑧室町時代

中世の海賊を再評価しよう
―倭寇って本当に悪いヤツ？―

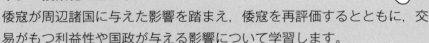

ネタ→授業化のヒント
倭寇が周辺諸国に与えた影響を踏まえ，倭寇を再評価するとともに，交易がもつ利益性や国政が与える影響について学習します。

授業のねらい

　14世紀半ばから東シナ海で海賊行為を行っていた倭寇。その実像は，国によって商業活動を制限されてしまった商人たちでした。倭寇を軸に，当時の東シナ海周辺諸国の政治と国同士の関係性の深い理解につなげます。

ネタ解説＆授業化のヒント

　まず，教科書の記述や「倭寇図巻」を見せ，倭寇クイズを出題します。ここでの内容は，倭寇についての概略（倭寇には日本人以外も多く含まれたこと）や，倭寇の負の側面（食糧の略奪や人民の拉致，奴隷としての使役，人身売買が行われていたこと）に関することを提示します。この時点で『倭寇って悪者？』と問うてみると，「その通り」という反応が返ってくるでしょう。

　次に，とある人物を紹介します。『王直という中国人がいました。16世紀，倭寇の親分と呼ばれた人です。この人の職業は，貴族，武士，商人のうちどれでしょう。』答えは商人。16世紀ごろの倭寇は，商人らが中心でした。なぜ商人らは，海賊行為を行う必要があったのでしょうか。

　資料集などの日本，中国，朝鮮半島のできごとがまとめられている年表を活用します。

> **活動**：倭寇の活動が活発になった時期が２度あります。
> 　　　　年表から共通点を見つけましょう！

　読み取ってみると，国の政治が乱れている，国によって交易が制限されている，国同士の国交がない，などが挙げられます。

　交易は様々な利益を生み出します。室町幕府第三代将軍足利義満は，朝貢という日本にとっては格式を損なう外交を，国内の批判を押しのけて断行し，明との貿易を行いました。それだけ，交易を行うことが大きな利益となったのです。為政者の力が弱く，交易も制限されている状況で，商人などは私的に交易を行うようになり（密貿易），ときに行った略奪や海賊行為から「倭寇」と捉えられるようになりました。先ほどの王直自身も，日本の大名や東南アジアの人々と交流を持ち，密貿易を行うことで東シナ海域の経済や文明の発達に寄与しました。1543年，日本に鉄砲が伝来した際，倭寇の手引きがあったのでは，とも言われています。

　1540年ごろ，王直は交易相手先とのトラブルで武力行為を行ったことがきっかけで「倭寇」とみなされるようになり，1559年に明によって拘留，処刑されました。

　ここで改めて，『倭寇って悪者？』と問うてみます。倭寇の負の側面だけでなく，交易が持つ利益性や国の政治にも原因があったことを踏まえると，子どもたちの思考にも揺らぎが生じるのではないでしょうか。

【参考文献】
・三宅亨（2012）『倭寇と王直』桃山学院大学総合研究所紀要 第37巻第３号
・歴史の謎研究会（2021）『「影の組織」のすごい日本史』青春出版社
・梶谷真弘（2020）『経済視点で学ぶ歴史の授業』さくら社

（楠本　海豊）

⑨室町時代
あなたは農民の行動をどう思う？
―正長の土一揆の場合―

ネタ→授業化のヒント
民衆運動の先駆けとして起こった「正長の土一揆」。その背景や影響を踏まえて価値判断することで，物事を多面的に捉える力を養います。

授業のねらい

　正長の土一揆が起こった背景や与えた影響を，事実としてのみ教えるのではなく，価値判断の材料として提示することで，多面的に物事を判断する必要性に気づけるようにします。

ネタ解説＆授業化のヒント

　1428（正長元）年，近江国で民衆らが一揆を起こしました。正長の土一揆です。

活動：一揆に参加した農民らの行動は「仕方がなかった」のか。それとも「我慢すべきだった」のか。班で話し合おう！

　4種の情報カード（A～D）を用意します。各班には，この中から任意のひとつが配られます。それぞれのカードには共通情報（「農民らは土倉や酒屋を襲い，借用書を焼き捨て，質入れしたものを奪い返すなどの暴力行為を行った。」という客観的な情報）に加え，以下のような個別情報が書かれています。

A：一揆の暴力性が増し，無秩序な暴力行為が過激化した。また，一揆に参加していない民衆も不利益を被った。
B：異常気象による不作，洪水や伝染病の流行で，多くの死者が出た。
C：土倉や酒屋の高利貸しのため，借金を返済できずに質入れを繰り返すなど，貧しい生活を強いられていた。
D：室町幕府が後継者争いのため，民衆の救済ができず，社会が不安定であった。

　与えられた情報をもとに，農民の行動が「仕方がなかった」のか，「我慢すべきだった」のかを，班で話し合います。この時，数直線を用いると指標を「選ぶ」という手段を用いるため，意思決定がしやすくなります。

　結果として，B～Dの情報を与えられている班は，「仕方がなかった」に，Aの情報を与えられている班は「我慢すべきだった」に偏るのではないかと思われます。ここで，班の発表者に「そのような判断をした理由」と「どのような情報が書かれていたのか」を発表してもらいます。子どもたちは，自分の得ているものと異なる情報に耳を傾けます。

　すべての情報を提示した後，もう一度，今度は個人で先ほどの活動に取り組みます。班で取り組んだ時とは異なる結果が現れることでしょう。

　歴史を正しく捉え，価値判断を行うためには，複数の視点から事象を見ることが大切です。活動の前後で，「多面的に物事を見る」ことの大切さに気づくことができます。

【参考文献】
・井沢元彦（2004）『逆説の日本史8　中世混沌編』小学館

（楠本　海豊）

⑩室町時代

応仁の乱から逃れた「文化人」の行方を追え！

ネタ→授業化のヒント
応仁の乱から逃れた公家や僧の行方と，彼らを招き入れた守護大名の行動から，戦国時代の学習へとつなげます。

授業のねらい

　応仁の乱の主戦場であった京都は戦火にさらされ，公家や僧などの「文化人」は都を追われます。現在の山口市に領土を持っていた大内氏の行動から，領国経営について考えることで，戦国時代の学習へつなげます。

ネタ解説＆授業化のヒント

　まずは導入。「骨皮道賢の職業は？」。答えは足軽。庶民から徴発された，戦いの主戦力です。当時の足軽には，認められていることがありました。「真如堂縁起」をもとに考えてみます。答えは略奪。当時の足軽には給料が支払われず，略奪で得た金品財宝が主たる収入となっていました。1467年，応仁の乱が起こり，都では略奪が横行しました。

　次に，応仁の乱による都の被害状況を示します。幕府の御所や内裏（将軍や公家が暮らしていたところ），寺院などが大きな被害を受けていることがわかります。戦火と略奪の危険にさらされた公家や僧侶は，都から逃げ出します。彼らは，どこへ移り住んだのでしょうか。

　山口県山口市の様子を見てみます。碁盤目状の区画や町並み，瑠璃光寺五重塔など，「京都らしさ」が見られます。このように，全国各地に「小京都」と呼ばれる市町村が存在します。

Chapter3 見方・考え方を鍛える！学びを深める「中世」授業ネタ

　この地に，ある有名な僧が訪れ，応仁の乱の際もここで生活をしました。小学校での既習事項や，涙で書いたネズミの話，日本人で初めて外国の切手に描かれたことなどをヒントに，クイズで紹介します。答えは，雪舟です。
　そこで，こんな発問をします。

発問： 山口市を領土としていた大内氏は，雪舟などの京から逃れた「文化人」を積極的に招こうとしました。なぜでしょう？

　「公家や僧侶がかわいそうだったから。」「何かメリットがあったに違いない。」『当時，公家や僧侶は文化の担い手でした。』「公家や僧侶を保護することで，都の文化を地方に伝え，広めることができる。」「守護大名の権威を高めることができる。」
　幕府の権力が失墜した当時，守護大名は戦国大名となり，それぞれの方法で領国内の支配を進めました。地方に招かれた公家や僧侶は，都での文化や政治を伝え，領国の発展に寄与します。「文化人を領国に招き，自分の権威を高める」という方略も，大内氏の領国経営の一つだったようです。では，そのほかの地方で，戦国大名はどのような領国経営を行ったのでしょうか。戦国時代の学習につなげます。

【参考文献】
・井沢元彦（2004）『逆説の日本史8　中世混沌編』小学館
・山口市観光情報サイト　西の京 やまぐち「山口の基礎を築いた大内氏」（2024年2月5日閲覧）yamaguchi-city.jp

（楠本　海豊）

⑪室町時代

銀閣なのに銀色じゃないのはなぜ？

ネタ→授業化のヒント

銀閣には，なぜ銀箔が貼られていないのでしょうか。そもそも貼れなかったのでしょうか。貼らなかったのでしょうか。資料をもとに考え，銀閣が建てられた時代について学習します。

授業のねらい

銀閣には，名称とは裏腹に銀箔が貼られていません。その理由は，明らかになっていませんが，元々銀箔は貼られていないことは事実です。本時では，様々な資料を読み取る中で，銀閣が建てられた時代の概観について捉えることをねらいとします。

ネタ解説＆授業化のヒント

金閣と銀閣の写真を提示します。

 活動：金閣と銀閣の違いをできるだけ多く書き出そう！

「金閣は３階建て，銀閣は２階建て。」「金閣は金色，銀閣は茶色。」
　色についての意見が出たところで，銀箔が貼られていないのに，銀閣という名称がついていることに疑問を感じる子どもが多いと思われます。
　そこで，次のような発問をして，子どもの既存の知識を揺さぶります。

Chapter3　見方・考え方を鍛える！学びを深める「中世」授業ネタ

主発問：なぜ，銀閣には銀箔が貼られていないのだろう？

本時の主発問です。そして，次のような資料を提示します。

①金閣と銀閣の役割
　　→金閣は政治・外交の中心地で，銀閣は隠居所であった
②足利義政の審美眼（美的なセンス）
　→優れた審美眼をもち，簡素で質素なものを好んだ
③「銀閣」と呼称されるようになった時期
　→江戸時代以降になってから
④室町幕府の権威や経済力の弱体化
　→建築費用の徴収のために，臨時の税を課した
　→応仁の乱との関連付け

複数の資料を関連付けながら，主発問を考察していきます。
　銀箔を貼れなかったという見方である「資金不足」と，銀箔を貼らなかったという見方である「義政の趣味」という見方がポイントになってくるでしょう。ただ，銀閣に銀箔が貼られていない理由については，明確になっていません。そのため，銀箔を「貼れなかった」「貼らなかった」という見方をもたせることが大切です。このようにして，銀閣が建てられた時代の概観を捉えさせます。

【参考文献】
・ドナルド・キーン（2008）『足利義政と銀閣寺』中央公論新社
・井沢元彦（2004）『逆説の日本史8　中世混沌編』小学館
・浮世博史（2022）『古代・中世・近世・近代　これまでの常識が覆る！　日本史の新事実70』世界文化社

（橋岡　大将）

⑫ルネサンス

どれが新しい3美神？

ネタ→授業化のヒント
文化は作品の紹介だけに終わってしまいがちです。「技術が進んでいるものの方が古い」という意外性に気づくことで，「宗教から科学へ」というルネサンスの本質に迫ることができます。

授業のねらい

　ギリシャ神話の3美神は繰り返し描かれてきました。しかし，時代によって描かれ方が違います。古代，中世，ルネサンス期の3つの絵を見比べると，中世の絵が平面的であることに気づきます。中世のヨーロッパ世界は，キリスト教が中心となりました。芸術も宗教画が中心となり，作品は「鑑賞するもの」ではなく，「祈りの対象」となり，芸術としての自由度は制限されました。芸術を切り口に，ヨーロッパ世界が大きく変化するルネサンスの意味を理解していきましょう。

ネタ解説＆授業化のヒント
　よく教科書に載っている3つの絵（古代：ナポリ国立考古学博物館蔵，中世：イギリス　大英図書館蔵，ルネサンス：ボッティチェリ「春」）を提示します。それぞれ，ギリシャやローマの神話に出てくる同じ3人の女神を描いていることを確認します。

> **課題**：3つの絵を古い順に並べ替えよう！

ICT 端末で課題を配付し，個人で絵の並べ替えをしたり，気づいたことを描きこんだりさせると思考が深まります。次にグループで「なぜその順番にしたのか」を話し合います。このときに，ICT 端末があれば，具体的な描写のポイントに印をつけて，議論することができます。絵の古さの様子から，正しい時系列にたどりつく子どももいますが，「中世→古代→ルネサンス」の順番だと考える子どもも出てきます。古代ではすでに立体的で写実的な描写があったことに驚くことでしょう。

 発問：なぜ中世の表現はリアルじゃないのだろう？

　答えは「キリスト教から制限を受けていたから」です。中世ヨーロッパはキリスト教が頂点に達する時代です。芸術は資金も必要であり，この時代は宗教画がほとんどでした。ここで，中世の絵（例えば聖母子像）をいくつか紹介します。6世紀～13世紀までほとんど絵の構図が変わっていません。13世紀末ころから，古代の写実的な表現技法を取り入れた作品が登場し始め，遠近法など科学とも結びつき，新たな表現となります。絵画の歴史から，「古くはヨーロッパ・ギリシャにあった文化に，出会い直す時代をルネサンスと言います」と整理します。キリスト教の支配の強かったヨーロッパは，十字軍遠征によりイスラムとの出会いにより「再生（ルネサンス）」するという歴史を学ぶための導入になります。

　ちなみに，「芸術は写実的であるほうが良い」というものではありません。時代によって，価値観は異なります。カメラの技術が向上した19世紀末以降は写実的であることの価値が揺さぶられ，内面を表現する抽象画や，何を芸術とするかという「アイディア自体」が芸術として高く評価されています。（アンディ・ウォーホルの缶の作品など）科学技術との関連は切り離せないのが芸術です。

（西田　義彦）

⑬ 戦国時代

ザビエル戦国日本行きの是非を問う！

> **ネタ→授業化のヒント**
> ザビエルが布教の地に日本を選んだことの是非を問うことで，戦国日本社会を宗教の観点から学び直します。また，キリスト教がどの時代に伝わっていたらもっと広まっていたのかも併せて考えます。

授業のねらい

　宗教改革後にザビエルが偶然赴いた戦国日本は，キリスト教を布教する場所・時期として適していたのでしょうか。これを検証するとともに，if（もし）を問う発問には慎重になる必要はありますが，他のどの時代だったらキリスト教がより広まっていたのかも併せて考えます。

ネタ解説＆授業化のヒント

　ザビエルは当初，インドのゴア，マレーシアのマラッカで布教を始めました。しかし，手応えをつかめませんでした。その時，マラッカで偶然アンジローという日本人に出会います。彼は薩摩で人を殺し，マラッカまで逃亡してきた殺人犯でした。知識欲があり色々と質問してくるアンジローを見て，ザビエルは日本行きを決めました。

 発問：戦国日本はキリスト教を布教するのに適していたのか？

　この発問に答えるには，戦国日本の社会をよく知っておかなければなりません。次の視点をもとにジグソー学習で考えます。

Chapter3 見方・考え方を鍛える！学びを深める「中世」授業ネタ

①戦国日本の宗教
　・日本は，古くから神道と仏教がある。
　・手軽な鎌倉新仏教が，武士の間でも流行っていた。
②戦国日本の安全性
　・各地で戦乱が繰り広げられており，混沌としている。
　・貿易による武器の確保を目的に，外国人に寛容な大名もいる。
③戦国日本における日本人
　・外の文化に対する感受性，理解は◎
　・ザビエルも，日本人の知識欲と理解力に感心していました。
　　（ザビエルがイエズス会に宛てた手紙が史料になります。）
④戦国日本の代表者
　・当時ザビエルは布教の際に，その国のトップに許可を得ていた。
　・天皇や室町幕府将軍に許可を得ても，各領地に大名がいる。

　以上の理由から，布教成功の可能性は十分にありつつも，既存の宗教があったり，武家政権の正当性を崩す恐れがあったりすることからそれほど広まりませんでした。その後，秀吉のバテレン追放令や江戸時代の禁教令など，日本の武家政権はキリスト教含め宗教をコントロールすることで，その権力を確立していきました。

　発問：どの時代に伝わっていれば，キリスト教はより広まっていた？

　筆者は3年生ですべての学習を終えたあと，復習も兼ねてテーマ史で学習します。その際にこの発問がおすすめです。先の4つの視点が使えます。

【参考文献】
・岸野久ほか（2008）『ザビエルの拓いた道―日本発見，司祭育成，そして魂の救い―』南方新社

（佐伯　侑大）

67

⑭戦国時代

武田勝頼にエンパシー！
—「武田家を滅ぼした愚将」は正しい？—

ネタ→授業化のヒント
長篠の戦いに敗れ，後に武田家を滅ぼすことになった武田勝頼の諸史料から彼にエンパシー（共感）し，「愚かな戦国大名」というレッテルは本当に正しいと言えるのかどうかを検証します。

授業のねらい

　歴史学習において，歴史上の人物に対するエンパシー（共感）を働かせることが重要です。武田家を滅ぼした愚将との評価がなされてきた武田勝頼に関する諸史料を検討し，本当にその評価が正しいのかどうか，そうせざるをえない歴史上の文脈や背景はなかったのかを深く考える学習です。

ネタ解説＆授業化のヒント

　『長篠合戦図屏風』を提示します。
　織田徳川連合軍３万8000人に対し，武田軍は１万5000人です。皆さんもよく知る通り，織田軍は大量の鉄砲を武器に，武田軍の騎馬隊を破ったとされています。そして，この７年後に武田家は滅亡します。この情報だけを見るなら，一見無謀にも見えるのがこの長篠の戦いです。

 発問：なぜ武田勝頼は長篠の戦いに挑んだのだろう？

　『武田軍のそれまでの戦績は49勝３敗20分と圧倒的な強さです。武田軍対織田軍もこれまで武田軍の４勝（信玄２勝，勝頼２勝）０敗です。』「それな

ら勝つ自信があったのかもしれないね。」

『また，武田家にも事情がありました。武田信玄の後継ぎ問題です。長男義信は父信玄に謀反を企てたとして死刑，次男竜宝は盲目で出家，三男信之は幼い頃に亡くなっています。母方（武田家の敵方）の諏訪家の後を継いだ勝頼ですが，長男義信の死，そして父信玄の死で，急遽武田家当主の座が回ってきました。快進撃を続ける武田家を支えていた武田二十四将ら強力な家臣たちはこの後継ぎに賛成？反対？』「ちょっと反対かも。一度敵の家を継いだ勝頼を信用できるかな？」「信玄が偉大過ぎて勝頼は少し劣りそう。」『そこで織田徳川連合軍と戦う機会が目の前にあれば勝頼は何を考える？』「そうか，この戦いで家臣に認めてもらいたかったのかもしれないね。」

発問：武田勝頼は優れた将軍？愚かな将軍？10段階評価をつけて理由を書こう！

再度，戦績やお家事情など諸史料をもとに点数化し。理由を書きます。

過去は異文化です。一見愚かに見える勝頼の行為が，史料にあたって勝頼の視点から過去の文脈，背景を見たとき，あながち「愚将」とは言えなくなります。現在の価値観や子ども自身の立場から「愚かだ」「劣っている」と過去を切り捨てるのではなく，史料に誠実にあたりながら「なぜ，そうしたのだろう？（そうせざるをえなかったのだろう？）」と共感的に考える（エンパシーを働かせる）ことで，過去のより正確な理解と共感的態度形成につながります。

【参考文献】
・丸島和洋（2017）『武田勝頼―試される戦国大名の「器量」―』平凡社
・平山優（2017）『武田氏滅亡』KADOKAWA

（佐伯　侑大）

③ 「深めるネタ」のポイント

「深めるネタ」は，教科書内容に加えて，より概念的な理解，社会状況の理解，多面的・多角的な理解などを促すことを目的とした授業ネタです。

1．因果関係

子どもたちが「どうして？」と考えたくなり，そこから時代の特徴の理解に迫るネタが有効です。例えば，「織田信長は，どうして比叡山延暦寺を焼き討ちしたの？」と問うと，はじめは信長の性格や感情に目がいっていた子どもたちが，次第に室町時代の社会構造や，信長のめざした社会の仕組みに気づいていきます。興味を惹く問いから，時代の特徴の理解につながります。

2．多面的・多角的

歴史の学習で，歴史以外の視点，例えば，経済の視点を取り入れることで，多面的な学びになります。例えば，江戸時代の改革で徳川吉宗と徳川宗春の政治，田沼意次と松平定信の政治を比較することで，当時の社会状況を経済の視点や福祉の視点から多面的に学習できます。そして，この学習で獲得した見方・考え方を働かせて，別の時代や現代を考えることができます。

【参考文献】
梶谷真弘（2023）『オーセンティックな学びを取り入れた中学校歴史授業＆ワークシート』明治図書
梶谷真弘（2020）『経済視点で学ぶ歴史の授業』さくら社

（梶谷　真弘）

Chapter 4

見方・考え方を鍛える！学びを深める「近世」授業ネタ

①江戸時代

大坂の陣図屏風から見る戦国から江戸時代への変化

ネタ→授業化のヒント
大坂の陣図屏風で戦の様子を読み取ることで，武士や民衆の姿から，戦国時代から江戸時代への社会構造の変化を学習します。

授業のねらい

　社会構造が大きく変化するとき，必ず得をする人と損をする人が出ます。屏風絵をもとに，様々な立場の人々の様子を読み解き，為政者の政策だけでは見えない，時代の社会構造の深い理解につなげます。

ネタ解説＆授業化のヒント

　大坂の陣図屏風を提示します。

 活動：屏風絵から読み取ったことを，できるだけたくさん書き出そう。

「連れ去られている人がいるよ。」「服や物を盗られている人もいる。」「奪ったものを集めている人たちもいるよ。」
　当時，大坂の街中で，連れ去りや略奪が横行したことに気づかせます。

 発問：どうして，連れ去りや略奪が多かったのだろう？

「戦のどさくさに紛れてしたんじゃないかな」「かわいそう」
　大坂の陣では，徳川方の軍勢は20万，豊臣方は10万であったと言われてい

ます。しかし，当時の豊臣の軍勢は多くても1万人ほどでした。

『残りの9万人は，どんな人たちだろう？』「豊臣秀吉に恩のある人。」「逆に徳川家康が嫌いな人。」『武士の仕事は何？』「戦うこと。」

『戦国時代が終わり，関ヶ原の戦い以降，大きな戦はなくなりました。武士は，どうやって生活したのだろう？』「他の仕事をした。」

『平和な世になり，幕府や藩の仕事に就く人もいました。でも，仕事に就けない人もいました。』

関ヶ原の戦い以降に，改易や転封，取りつぶしになった大名を提示する。

『この人たちは，どうしたのでしょう？』

「徳川家康を倒し，仕事を手に入れるために，大坂城に集まった。」

『つまり，大坂の陣は，仕事を失った武士たちにとっては，生き残りをかけた戦いだったのです。』

活動：大坂の陣を調査し，特集記事を書こう！

本時の最後の課題です。大坂の陣について調べ，事実と解釈を文章でまとめます。

このように，時代の転換期，社会構造が大きく変化するときには，必ずそれまでの制度との矛盾が生まれます。新しい制度で生きていけない人々は，どの時代にも現れます。後の時代では，それが西南戦争として現れます。時代を超えて，同じ視点から子どもたちに考えさせることで，見方・考え方がさらに鍛えられます。

【参考文献】
・大坂城天守閣（2009）『いくさ場の光景』大坂城天守閣特別事業委員会
・笹谷和比古（2007）『戦争の日本史17―関ヶ原合戦と大坂の陣―』吉川弘文館
・相川司（2010）『大坂の陣―豊臣氏を滅ぼしたのは誰か―』河出書房新社

（梶谷　真弘）

②江戸時代

なぜ山田長政はタイのアユタヤで出世できたのか？

ネタ→授業化のヒント
朱印船貿易が盛んになるにつれ，日本町が東南アジアの各地にできる。その中で山田長政の出世には，江戸時代前期の事情が関係している。

授業のねらい

　国内で戦乱が無くなったことや幕藩体制が固まったことで安定してきた江戸時代前期にスタートした朱印船貿易の流れによって，東南アジアの各地に日本町ができました。江戸時代初期の歴史の流れとタイのアユタヤで出世していった山田長政の人生とをリンクさせながら学習します。

ネタ解説＆授業化のヒント

　江戸時代の対外政策はいわゆる「鎖国」の体制が思い浮かびますが，初期の頃はむしろ積極的に東アジア・東南アジアなどと貿易を行っていました。

 活動： 朱印船貿易の仕組みや貿易品の内訳，伴う影響について調べよう！

「朱印状をもった貿易船が東南アジアに向かったんだね。」「中国からは生糸や絹織物，東南アジアからは染料や象牙，日本からは銀や刀，工芸品が輸出された。」「貿易を定期的に行うために東南アジアの各地に日本町ができた。」

 発問： なぜタイのアユタヤで山田長政は出世できたのだろうか？

山田長政は駿河国（静岡県）出身の末端の武士だったと言われています。タイに渡り，日本町の長になり，最終的には日本人でありながら政府の高官にまで大出世した人物です。なぜ，そこまで出世できたかを解き明かす秘密に，当時の日本の時代背景が関係しています。長政は現地の日本人傭兵隊に加わります。傭兵の多くは，関ヶ原の戦いや大阪の陣で戦った武士（浪人）で構成されており，普段は貿易商人として活動していたものの，有事には国王の軍として重宝されていました。戦国時代が終わるということは，下剋上が可能であった時代の終わりを意味します。大きな野望をもった当時の人たちが日本を飛び出して，一攫千金新たな働き場所を見つけに海外へ飛び出す気持ちになったことは，何ら不思議ではありません。

活動：その後，幕府が貿易統制をするまでの流れを年表でまとめよう！

「1613年には，全国にキリスト教禁止令が出されました。」
「1635年，日本人の海外渡航・帰国が禁止されます。それまで海外にいた日本人はどうなるんだろう。もう日本には戻れないのだろうか。」
「3代将軍家光の頃の1637年には，九州で島原・天草一揆が起こります。」
「最終的には，平戸のオランダ商館を長崎の出島に移します。」
『なぜ積極的に行っていた貿易政策がここまで統制されるようになったのか？』「領主への忠義よりも神への信仰を重んじるキリスト教徒が数十万人の規模になり，幕府にとって都合が悪くなってきたから。」
『最終的にはキリスト教の布教を行わない中国とオランダだけが長崎で貿易が許されることになり，貿易統制は続いていきます。江戸時代前期は積極的な貿易政策から厳しい貿易統制状態へ大きく変化していきました。』

【参考文献】
・小和田哲男（2001）『史伝 山田長政』学習研究社

（小谷　勇人）

③江戸時代

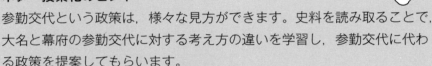

参勤交代の代案を江戸幕府に提案しよう！！

ネタ→授業化のヒント

参勤交代という政策は，様々な見方ができます。史料を読み取ることで，大名と幕府の参勤交代に対する考え方の違いを学習し，参勤交代に代わる政策を提案してもらいます。

授業のねらい

　参勤交代は，大名と幕府の主従関係の確認を目的とされた制度であるといえます。この目的がもたらした結果について，史料をもとに，参勤交代について，幕府と大名の視点から，捉えていくことをねらいとします。

ネタ解説＆授業化のヒント

　『加賀藩大名行列図屛風』を提示します。
　『図屛風から参勤交代（大名行列）は，どのようなものだったのだろう？』
「壮大であった」「お金がかかりそう」
　参勤交代が，大名にとって大きなイベントであったことに気づかせます。
　『薩摩藩の参勤交代の道のりと費用』と『東海道五十三次　関　本陣早立』を提示します。

 発問：参勤交代は，諸藩にどのような結果をもたらしたのだろう？

「財政的な負担になった」「宿場が活気溢れるなど街道沿いが発展した」
　幕府は，参勤交代を制度化した当初から，このような結果を想定していた

のでしょうか。

 発問：参勤交代の目的は，何だろう？

「大名の経済力を弱めること。」「妻子を人質にすること。」「幕府に従わせること。」『一番の目的は，大名と幕府の主従関係を確認することです。』

ここで，武家諸法度で言及されている「参勤交代の人数」に関する史料を提示します。

『史料から何が読み取れるだろう？』「参勤の人数を縮小するよう申し入れている」「参勤の人数が多いことが原因で，藩の財政や民の負担になっている。」

つまり，幕府は藩の財政を縮小させるために，制度化したのではないことが読み取れます。

『では，なぜ大名たちは，財政が圧迫されてでも，大人数で参勤したのだろう？』「自分がすごいことを他の大名に見せつけるため」「大名としての威厳を保つため。」

つまり，大名間の見栄張りや競争心によるものなのです。

 活動：参勤交代の代案を江戸幕府に提案しよう！

本時では，参勤交代を，大名と幕府の視点で捉え，それぞれ考え方の違いがあることを学習してきました。そこで，参勤交代という政策以外に「主従関係を確認する」政策はないか代案を提案してもらいます。

【参考文献】
・浮世博史（2022）『古代・中世・近世・近代　これまでの常識が覆る！　日本史の新事実70』世界文化社

（橋岡　大将）

④江戸時代

出島クイズで学ぶ江戸幕府の思惑

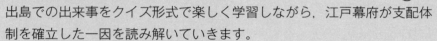

ネタ→授業化のヒント
出島での出来事をクイズ形式で楽しく学習しながら、江戸幕府が支配体制を確立した一因を読み解いていきます。

授業のねらい

　江戸幕府がどのようにして支配体制を確立させていったのか、経済および外交の視点で追究し、説明できるようにします。

ネタ解説＆授業化のヒント
　クイズから授業をはじめます。
（ラクダ・ゾウ・オランウータン・クジャク４枚の絵を提示して）
『江戸時代に来日した動物は？』（当てはまるものに挙手）
『正解はすべてです。オランダと貿易をする中で日本に流入してきました。日本はいわゆる鎖国中だけど、なぜオランダとは貿易が許されていた？』
「キリスト教を布教しようと思っていなかったから。」
『そうですね。清とオランダとは、出島を通じて貿易したり、寝泊まりしたりしていました。』
『（絵を２枚提示して）オランダ人は空き時間に何をしていた？』
「ビリヤード。」「バドミントン。」
『そんなオランダ人は、日記に「出島での生活は○○のようだ」と書いています。○○に入る言葉は？』「楽園」「天国」
『「監獄」です。ということは、オランダ人は出島から…』

「出られなかった。」「キリスト教を広めるつもりはないから，出島に閉じ込められる必要はあったのかな？」

『とてもいい視点です。なぜオランダ人はキリスト教を広めるつもりはないのに，出島から出られなかったのでしょう？』

『もう一つ。オランダとの出島での貿易は何年間くらい続いた？』

「すぐうまくいかなくなった。」「江戸幕府が滅亡する直前まで続いた。」

『江戸幕府が開国するまで続きました。なぜ出島での生活が大変なのに，オランダは貿易を続けようとしたのだろう？教科書で調べてワークシートを完成させましょう。』

　教科書を読み調べていく中で「清の密貿易を防ぐために，商人を唐人屋敷に住まわせた」ことがわかります。このことがオランダも同様であったということです。

『なぜ江戸幕府は密貿易を防ぎたかった？』

「江戸幕府よりも商人や大名，外国が力をつけると支配できなくなる」

　また，オランダは鎖国との貿易で日本から「銀」を輸入していました。当時，銀はとても貴重な貿易品であったため，生活がしづらい環境でも日本との貿易を続けたかったことが推測できます。もちろん，日本も生糸や絹織物を輸入品として獲得できるメリットは大きかったと推測されます。

　朝鮮や琉球王国からは将軍のもとに使節が送られました。併せて，当時の人々は江戸幕府の権力が他国にまで及んでいると考えるようになったことを関連付けて考えさせることで，江戸幕府の支配体制が確立した背景を多面的に捉えることができます。

【参考文献】
・長崎市（1995）『出島』長崎市文化観光部出島復元整備室

（阿部　孝哉）

⑤江戸時代

田沼意次の政策の是非

ネタ→授業化のヒント
田沼意次の評価は是非が分かれるものですが，成長重視の積極策・金融緩和という視点で見ると当時としては先進的な政策でした。

授業のねらい

　江戸時代の三大改革はすべて緊縮財政・金融引き締めが意識され，米本位経済です。対して，成長重視の積極策・金融緩和を意識して米本位経済からの脱却を目指した田沼意次の政策から現在の日本が学べることが多いのではないかということを政策のちがいの比較を通して学習します。

ネタ解説＆授業化のヒント
　前時に学んだ享保の改革の内容を振り返ります。倹約令を出していることから，幕府財政を立ち直らせるための対策でした。新田開発によって大量の米が市場にあふれ，逆に米の価格が下がる課題があったことをつかみます。

活動：当時の課題解決のために，田沼意次が行った政治を調べよう。

「農業面での課題があったので商工業に力を入れた。」「商人に株仲間をつくらせて営業税を納めさせた。」「長崎貿易を活発に行った。」

発問：田沼政治がうまくいっていたら，後の幕府はどうなりそうか？

子どもたちに，架空の歴史を予想させる問いになります。そもそも，三大改革という言葉は大きな弊害があると思います。「三大」に入っていない田沼の政治は失敗ではないかというネガティブなメッセージを子どもたちが受け取りかねません。ここでは政策のアプローチが他の改革とは大きくちがっていたというポジティブな伝え方を子どもにします。商工業の重視，および長崎貿易の活性化や蝦夷地の調査を通して，積極的に新しい産業を生み出そうとする先見の明があった政治家であった事実に触れます。印旛沼の干拓の是非は分かれるところですが，房総半島を周らずに太平洋から直接江戸に結ぶ運河をつくろうとしていたことが成功していたら，意次の評価を一変させたでしょう。この問いでは，経済活動・貿易が活発になっていたであろうということに気づかせます。

 活動：寛政の改革の内容と田沼政治の政策の内容を比較しよう！

「寛政の改革では天明のききんによって百姓一揆や打ちこわしが多発したので，農村の立て直しに力を入れている。あまり商工業は発展しなさそう。」
「商品作物の栽培を制限して米の生産を増やし，凶作やききんに備えた。」
「倹約令を出し，旗本や御家人が商人からしていた借金を帳消しにした。どうやら以前の政治に戻ってきたように感じる。」
『当時の人々は，田沼政治と寛政の改革をどのように評価したか？』「狂歌に～白河の　清きに　魚のすみかねて　元のにごりの　田沼こひしき～とあるので，人々は寛政の改革を批判的に捉えていたと思いました。」
『田沼意次が行おうとした政策は，伝統的な年貢を中心にした政治・経済を否定するものでした。すでに権益をもつ多くの人々が反対者になります。現在の日本の政治の姿と比べてみると，学べることは多いと思いませんか。』

【参考文献】
・岡田　晃（2023）『徳川幕府の経済政策―その光と影』PHP研究所

（小谷　勇人）

⑥江戸時代

株仲間から江戸時代の経済に迫る

ネタ→授業化のヒント
株仲間という仕組みを考えることで，当時の社会の状況や特徴をつかみ，近世の産業発展に影響を与えたことを学習します。

授業のねらい

　株仲間という組織がなぜ必要だったのかを考えることで，江戸時代の制度としての仕組みとその不十分さに気づき，それを補うための組織であり，株仲間が産業発展を支えていたことを学習します。

ネタ解説＆授業化のヒント
　株仲間について簡潔に解説し，次の発問を行います。

 発問：商人にとって，株仲間は損？得？

　「損。税を納めないといけないから損をする。」，「得。幕府に認めてもらえないと商売ができない。」など，教科書内容からの素朴な意見が出ます。

 発問：どうして株仲間が必要だったのだろう？

　まず，江戸時代の経済状況を読み取ります。18世紀初めから18世紀末までは経済が停滞していたのに対して，株仲間が広がりを見せた18世紀末から19世紀半ばにかけて，長期の経済成長を遂げていたことがわかります。一方，

天保の改革により株仲間を解散させた1840年以降，経済成長が止まり不安定になっていきました。

　次に，江戸時代の制度を確認します。江戸時代は幕藩体制のもと，石高制と兵農分離という制度のもとに成り立っていました。中世に比べて，法や制度が整備されていきました。

　一方で，「相対済令」と呼ばれるものが，約180年間に10回，つまり，約20年弱に１回の頻度で出ています。相対済令とは，「訴訟に対して公権力は関与しないので，相対（当事者同士）で解決するよう」に命じた法令です。トラブルが起きても，「自分たちで解決せよ」ということです。

　つまり，江戸時代は，市場経済の発達をはじめ，社会は大きく発展していきますが，国家の機能が追いついていない状況であったと言えます。

　ここで，再度『どうして株仲間という制度が必要だったのだろう？』と問い，グループで考えさせます。

　「今で言う警察や裁判所が解決してくれないなら，自分たちで守り合わないといけない。だから，株仲間をつくって団結したのではないだろうか。」

　株仲間の規定を見ると，取引において何らかの問題が生じた場合は，当事者同士だけではなく，属する仲間全員にその情報が行き渡り，不正を働いた者との取引を停止することが読み取れます。つまり，株仲間という組織に属することによって，生産から流通，売買に至るまで，仲間同士の権利や財産を保障し合うという側面もあったことがわかります。その保障があるからこそ，商人は取引を広げ，経済を活性化させることができます。

　株仲間という仕組みによって，商人の活動が活発となり，問屋制家内工業へと生産システムが発展しました。市場経済・産業構造が発展し，当時の最先端と言われる経済システムを確立していきました。

【参考文献】
・岡崎哲二（1999）『江戸の市場経済─歴史制度分析からみた株仲間─』講談社

（梶谷　真弘）

⑦江戸時代

浅間山大噴火で日本が変わった!?―熊本型改革―

ネタ→授業化のヒント
浅間山大噴火の復興費用10万両（約130億円）を負担した熊本藩の藩政改革を調べ，諸藩が力をつけていく様子を学習します。

授業のねらい

　江戸時代は地方分権の見本です。浅間山大噴火のとき，幕府財政は逼迫していました。このとき，復興費用10万両（現在の130億円相当）を幕府にかわって負担したのは浅間山から遠く離れた熊本藩でした。それを可能にした熊本藩主，細川重賢の藩政改革とここから倒幕に向けて地方の藩が力を蓄えていく様子を学び，江戸幕府の理解を深めます。

ネタ解説＆授業化のヒント

　『浅間山噴火夜分大焼之図』『浅間焼吾妻側利根川泥押絵図』を提示します。泥押絵図を見てもわかるように，「天明泥流」と呼ばれる土石なだれで大きな被害が出ました。

　『昔から地元の人たちは浅間山を「〇押出し」「〇の泉水」などと呼んでいました。〇には何が入る？』正解は，「鬼」です。豊富な水資源として農業にも貢献してきた一方で，噴火による恐れもあったようです。

　さて，この浅間山大噴火の復興資金は10万両，現在のお金で約130億円でした。この時，天明の大飢饉で財政が逼迫しており，幕府にこの130億円は出せませんでした。そこで白羽の矢が立ったのが熊本藩でした。

Chapter4 見方・考え方を鍛える！学びを深める「近世」授業ネタ

発問：天明の大飢饉なのに大金持ち！熊本型改革の秘密を探ろう！

　江戸時代は地方分権の見本です。諸藩がそれぞれに藩政を行い，天明の大飢饉のようなピンチにも，各藩がそれぞれのアイディアで乗り越えています。そして，諸藩で芽生えた優秀な人材やシステムが幕政（国政）に取り入れられていくのです。
　熊本藩の藩政改革はその代表的なものでした。①教育面では，江戸幕府も含め世襲が一般的であったこの時代に，藩校時習館を創設して役人を養成し，能力主義による人材登用を行いました。②産業面では，治水や殖産興業（楮，生糸，蝋の専売制）に力を注ぎました。③財政面では，減税などによる農村の復興や財政のコストカットを行いました。いわゆる宝暦の改革と呼ばれた藩政改革です。

発問：熊本型改革が広まることで，日本はどのように変わっていった？

　この熊本型改革が九州では，薩摩藩，佐賀藩，北陸では金沢藩，東北では会津藩らが真似をして，それぞれ藩政改革を成功させています。そして，富を蓄え優秀な人材を育成したこれらの藩が，後の戊辰戦争のプレーヤーとなっていくのです。また，松平定信が江戸の幕政に熊本型改革を取り入れ，国の政治をも変えていきました。浅間山大噴火の復興を担った熊本藩の熊本型改革が，まさに日本を変えていったのです。

【参考文献】
・加来耕三（2008）『名君の条件―熊本藩六代藩主細川重賢の藩政改革―』グラフ社
・磯田道史（2011）「近世中後期藩政改革と「プロト近代行政」―熊本藩宝暦改革の伝播をめぐって―」三田史学会『史学』第80号，No.1，pp47-70．

（佐伯　侑大）

⑧江戸時代

交渉ゲーム「ロシアの船がやってきた」

ネタ→授業化のヒント
定番のペリー来航時の交渉ゲームではなく，それ以前の交渉を題材とすることで，史実にとらわれない交渉を用いた学習が可能です。

授業のねらい

　幕末の日本は，欧米諸国の世界進出という世界史の視点が欠かせません。そんな中で，欧米諸国との交渉を題材とすることで，広い視野で幕末を捉え，政治的決断を再検討していきます。

ネタ解説＆授業化のヒント

　次のようなストーリーを提示します。

ストーリー	1792年，ロシアの船が，蝦夷地の根室にやってきた。ロシア使節の長：ラクスマンは，ロシアに漂着した日本人：大黒屋光太夫を助け，日本に返しに来た。しかし，目的はそれだけではなく，本当の目的は「日本と交易すること」だった。
ロシアの情報	当時，領土を拡大しようとしていた。ヨーロッパ側ではトルコを圧倒して黒海にまでおよび，中国（清）との国境も決まった。ロシアの東側のシベリア開発を進めるため，日本と交易を求めた。
日本の情報	当時，「鎖国」と呼ばれる政策で，外国との交易を制限していた。幕府の方針で武器の製造が制限され，200年前の武器が多数だった。一方のロシアは，最新兵器と軍艦を持っていた。武力では，どうやってもかなわない。幕府は，ロシアに交易を認めると，その後次々と不利な要求を求められるのではないかと心配していた。

Chapter4 見方・考え方を鍛える！学びを深める「近世」授業ネタ

交渉ゲームは，次の手順で行います。

①日本側，ロシア側に分かれて，交渉の作戦を立てる。
②交渉を開始し，自分の国が有利になるように交渉する。
③交渉の結果をプリントに記入する。
④交渉結果を全体に発表する。

交渉の作戦を立てる際に，右のワークシートを用いることで，両国の状況を意識した交渉になります。

交渉ゲーム後，史実

交渉の目的	譲れない・認められないこと
譲歩できること 相手の利益になること	要求してきそうなこと 譲歩しそうなこと

を解説します。ラクスマンの交易の要求に対し，幕府は長崎での交渉を要求します。1804年にレザノフが長崎に来航しますが，幕府は交易を拒否します。日本の対応への報復として，蝦夷地で放火や略奪行為を行い，一時的に関係が悪化する結果となりました。

これ以降も，イギリスとのフェートン号事件，アメリカとのモリソン号事件などが立て続けに起き，その後のペリー来航につながります。

発問：欧米諸国の脅威に対して，日本はどのように対策すべきだろう？

今回は，例としてロシアとの交渉ゲームを取り上げましたが，他の交渉場面を複数回取り上げることで，世界史の視点から幕末を捉えられます。

（梶谷　真弘）

⑨江戸時代

ペリー来航！
―「みんなに相談」した阿部正弘の決断―

ネタ→授業化のヒント
ペリー来航時，当時の江戸幕府老中阿部正弘は，アメリカの開国要求の国書を広く国民全体に公表し，意見を募りました。そして，回答を引き延ばす策を取りました。この決断の影響を学びます。

授業のねらい

　1853年にペリーが来航したとき，江戸幕府の老中阿部正弘は，独断でフィルモア国書を受け取ると，これを全国に公開してこれまで幕政への参加を許されなかった人たちにまで意見を求めました。この異例の「みんなに相談」作戦の結果見えてきた開国要求に対する選択肢とその結末を学びます。

ネタ解説＆授業化のヒント

　阿部正弘は国書を受理したあと，全国の大名（親藩・外様含む）や旗本，一般市民など，これまで幕政への参加が許されなかった人々にも意見を求めました。それが『遏蛮彙議（てきばんいぎ）』という史料に残されています。そこに残されている全国から集まった意見をもとに次のように発問します。

 発問：それぞれの意見にはどんなメリット・デメリットがある？

　阿部のもとに集まった意見のうち代表的なものを提示し，ジグソー学習でそれぞれのメリット・デメリットを当時の背景や文脈もふまえて考えます。

○攘夷策（水戸藩主：徳川斉昭ら）

　・大名たちは納得してくれるし，鎖国は守られる。

　・最新のペキサンス砲で攻撃されたら江戸が火の海になる。

○開国策（旗本：勝海舟ら）

　・貿易で得た利益で国防費にあてる。

　・大名たちに弱腰と批判されるし，鎖国も終わってしまう。

○回答引き延ばし策（外様大名：島津斉彬ら）

　・できるだけ結論を先延ばしにして海防の整備を進める。

　・江戸湾を測量して脅してきているペリーが納得するだろうか。

○ペリー暗殺過激策（一般女性A）

　・日本の確固たる意思は示すことができる。

　・アメリカは許さないだろう。戦争にもなりかねない。

また，次のような展開も可能です。

発問：なぜ阿部は回答引き延ばし策を選ばざるを得なかった？

発問：それまで政治に参画できなかった人にまで意見を聞いたことは後の日本にどのような影響を与えただろう？

　1つ目は阿部の置かれた当時の状況を深くとらえる発問です。2つ目は，広く一般に意見を募ったことが後の「倒幕」や明治の「公議公論」につながっていくことを意識させる発問で，後の学習の布石となります。

【参考文献】
・三谷博（2003）『ペリー来航』吉川弘文館
・後藤敦史（2022）『阿部正弘―挙国体制で黒船来航に立ち向かった老中―』戎光祥出版

（佐伯　侑大）

Chapter 4

⑩江戸時代

パクス・トクガワーナは誰が崩壊させた？

ネタ→授業化のヒント
江戸の平和な時代は，「パクス・トクガワーナ」として世界からも注目されています。では，このパクス・トクガワーナを誰が崩壊させたのでしょうか。江戸の単元末に考えます。

授業のねらい

　成功体験よりも失敗体験の方が学べることが多いものです。「なぜ平和な時代（パクス・トクガワーナ）を築くことができたのか」は，これまでにもたくさん授業がなされてきたことでしょう。本実践は，むしろ「なぜパクス・トクガワーナは，ずっと続かなかったのか，誰が崩壊させたのか」を単元末に考えることで，江戸時代の理解を深めます。

ネタ解説＆授業化のヒント

　なぜ，「江戸時代は平和だった？」のように，江戸時代の大名統治の方法を学んで，江戸時代の徳川の平和（パクス・トクガワーナ）がなぜ可能だったのかを学ぶ実践は筆者も見たことがあります。江戸時代を学習する上でとても重要な視点です。
　本実践は，これまでのような「なぜパクス・トクガワーナが続いたのか」をふまえてさらに突っ込みます。

 発問：誰が，このパクス・トクガワーナを崩壊させた？

Chapter4 見方・考え方を鍛える！学びを深める「近世」授業ネタ

「なぜ崩壊した？」よりも「誰が崩壊させた？」の方が社会科の苦手な子どもでも答えやすいと思います。前者は，その原因をシステムや制度から答え，後者は，歴史上の人物の意思決定や行為から答えることになります。

誰がパクス・トクガワーナを崩壊させたのか，候補は次のようになります。

①徳川家康の子孫（歴代将軍）
　・改易制度の緩和で強い外様大名が生き残ってしまった。
　・参勤交代の緩和，廃止で幕府への恐れがなくなった。
　・城と大船の建造解禁で幕府と諸藩の軍事バランスが崩壊した。
②ペリー来航時の老中：阿部正弘
　・誰もが政治に参画できる世の中にしてしまった。
　・日米和親条約の締結で「鎖国」を終わらせた。
　・薩摩に海軍伝習所を作った。
③薩摩，長州などの雄藩
　・文字通り倒幕させた雄藩
　・にせ金を作って倒幕の資金源としていた。
　・独自の貿易ルートで経済力，軍事力も強大である。
④その他で，子どもたち独自の視点で考えても良いでしょう。

このように単元末の議論が活発になります。また，パクス・トクガワーナの崩壊は日本の近代化にもつながります。戊申戦争という過激な手段ではあるものの，日本を近代化させた点がこの後の学習でも重要な視点となります。

【参考文献】
・磯田道史（2023）『家康の誤算―「神君の仕組み」の想像と崩壊―』PHP研究所
・本多隆成（2022）『徳川家康の決断―桶狭間から関ヶ原，大坂の陣までの10の選択―』中央公論新社

（佐伯　侑大）

④ 活用ネタのポイント

　「活用ネタ」は，学んだことを別の場面に応用したり，成果物にまとめたり，判断や意思決定したり，発信や行動に移したりすることを目的とした授業ネタです。

1．総合化

　単元で学んだことを用いて，単元の総まとめとなるように課題を設定します。例えば，比較するという方法が有効です。源氏と平氏の政策を，政治の視点，経済の視点，軍事の視点などから比較することで，当時の社会をより深く理解し，それを用いて判断する学習につながります。

2．オーセンティック：実際の社会の課題につなげる

　単元で学んだことを，現代の課題につなげます。例えば，田中正造の足尾銅山鉱毒事件と伊庭貞剛の別子銅山煙害問題を学習し，現代の公害問題，環境問題，SDGsにつなげます（もちろん，時代背景の理解は欠かせません）。そして，「田中正造・伊庭貞剛から現代へのメッセージ」を考えることで，時代背景の理解にとどまらず，時代を超えて求められることに気づき，未来を志向しながら現代の課題を考える学習となります。

【参考文献】
梶谷真弘（2023）『オーセンティックな学びを取り入れた中学校歴史授業＆ワークシート』明治図書
梶谷真弘（2020）『経済視点で学ぶ歴史の授業』さくら社

（梶谷　真弘）

Chapter 5

見方・考え方を鍛える！
学びを深める
「近代・現代」授業ネタ

①明治時代

ラムネ・ワイシャツ・ミシンって何？

ネタ→授業化のヒント
私たちの日常にある外来語が実は明治時代の人々によって名付けられたことを踏まえ，明治時代以降の英語教育について考えを深めます。

授業のねらい

外来語の元々の意味を考えさせることで，話すことを目的としていた英語教育から，単語や文法を中心に学ぶ英語教育へと転換していったことや，その背景にある明治政府の理想とした教育へと考えを深めていきます。

ネタ解説＆授業化のヒント

次の言葉は明治時代に日本へ入ってきた商品です。元々の英単語は何でしょうか。
(A) ラムネ　(B) ワイシャツ　(C) ミシン

「ラムネとかミシンって商品名じゃないの？」「ワイシャツはYの字からきているのでは？」「英語っぽく言ってみるとわかるかも。」
　子どもたちは意見を交流しながらクイズの答えを考えます。正解は(A)ラムネ→レモネード（lemonade），(B)ワイシャツ→ホワイトシャツ（white shirt），(C)ミシン→（ソーイング・）マシーン（sewing machine）であり，ALTの先生にレモネードなどの元々の英単語を発音してもらうと「ラムネに聞こえる！！」と子どもたちは反応し，授業は盛り上がります。その他にも「段ボール」は「段になった・波形のボード紙」（corrugated cardboard）

のことであり，井上貞治郎という方が名付けました。

 明治時代にそれらの商品が入ってきたときには，海外の人々とコミュニケーションをとることが第一であり，ネイティブに近い発音をそのまま採用していました。その後日本の英語教育はどのように変わっていったでしょうか。

「英単語を文字として書けるように授業は変わったのではないか。」「英語の書物が読めるように，単語や文法といった文字の学習が中心になった。」「海外の人々とコミュニケーションをとるツールとしての英会話よりも，先進的な海外の技術を導入するための英文法が重視されたのではないか。」

　日本における英語教育が発展することで，ネイティブに近い発音をカタカナで表記していた段階から，英単語や英文法を学習し，読めたり書けたりする段階へとシフトしていったと考えることができます。その背景として，海外の書物を読む必要があり，明治政府が推し進めた殖産興業へのつながりへと学習を深めることができます。

【参考文献】
・横山工業ミシン㈱ HP　ミシン館「ミシンの歴史」（2024年1月31日閲覧）
　https://misinkan.com/history/hisjap.htm
・博物館明治村 HP「メイジノオト」（2024年1月31日閲覧）
　https://www.meijimura.com/meiji-note/post/roots-shirt/
・トンボ飲料 HP「ラムネの歴史とトンボラムネ」（2024年1月31日閲覧）
　https://www.tombow-b.jp/knowenjoy/origin/ramune/
・山田紙器 HP「『ダンボール』ってなに？」（2024年1月31日閲覧）
　https://www.yamadashiki.co.jp/journal/899/

（行壽　浩司）

②明治時代

小学校の出席簿，黒チョボは何？

ネタ→授業化のヒント
小学校の出席簿についている黒チョボが欠席であることに触れ，明治時代の学校教育における課題について考えを深めます。

授業のねらい

　学制によって明治時代に小学校が設立したが，ほとんどの子どもが出席していなかったことを資料から読み取り，当時の人々の考えと明治政府の考えとの間に乖離があったことに気づかせます。

ネタ解説＆授業化のヒント

　この資料は1877年（明治10年）尽誠小学（現：鯖江市豊小学校）の出席簿です。なにか気づくことはありますか。

　「男子よりも女子の方が多い。」
「黒チョボは出席している人？」「数字が書かれている子もいる。」
　それぞれの子どもに2マスずつ評価が書かれており，左マスが行状点（5点満点），右マスが出席点（5点満点）です。黒チョボは欠席を表しています。

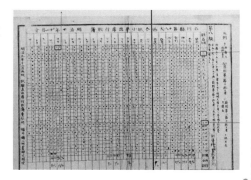

Chapter5 見方・考え方を鍛える！学びを深める「近代・現代」授業ネタ

　11月は24日授業がありましたが，皆勤は25人中3人だけで，特に女子は一度も学校に来なかったのは18人中13人もいます。
「え！学校に毎日行っていたのは3人だけなの？」「黒チョボが出席だと思っていた」「どうして行かなかったの？」

　子どもは明治時代において家事・育児・農作業の労働力と考えられていました。さらに学校は1900年になるまで授業料がかかりました。重要な労働力をとられるばかりか，お金まで払わなければならないので，学校に行かせたくなかったのですね。さらにその学習内容は西洋の生活様式を教材としたもので，自分たちの生活からはかけ離れた内容でした。

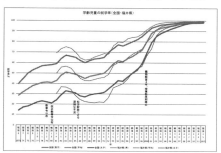

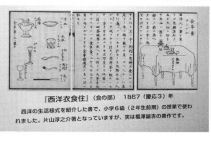

『西洋衣食住』（食の部）1867（慶応3）年
西洋の生活様式を紹介した書で，小学6級（2年生前期）の授業で使われました。片山淳之介著となっていますが，実は福澤諭吉の著作です。

「江戸時代の寺子屋と大きく違う。」
「なぜ明治政府はそのような教育をしたのだろう？」

　明治時代においては身分による差はなくなり，能力が重視されました。それは富国強兵を成し遂げ，早急に近代化をしなければならなかったことが背景にあります。現在の日本の教育との比較，かつての江戸時代の教育との比較を通して明治政府の意図を考え，子どもたちの学びが深まります。

【資料・取材協力】
・福井県教育総合研究所教育博物館（〒919-0461 福井県坂井市春江町江留上緑8—1）の展示より筆者撮影　写真使用のご快諾，取材へご協力いただきまして，ありがとうございました

（行壽　浩司）

Chapter 5

③明治時代

西郷隆盛「ラストサムライ」の本当の意味とは？

ネタ→授業化のヒント
西郷隆盛や共に西南戦争を戦った薩摩藩士たちは「ラストサムライ」と呼ばれることがあります。なぜ「ラストサムライ」なのかを考えることで，その本当の意味を学びます。

授業のねらい

　西南戦争は士族vs平民（徴兵）の戦いでした。この戦いで，近代文明を取り入れ，徴兵された平民ながらも戦い抜いた新政府軍が真の国家の軍隊として確立されました。西南戦争は「最後の侍」の戦いだったです。

ネタ解説＆授業化のヒント

　鹿児島県観光サイト"かごしまの旅"を提示します。そこには「ラストサムライたちの戦い―西南戦争―」とあります。
　『「ラストサムライ」って知ってる？』「映画にある！」「最後の侍？」『直訳すれば最後の侍ですね。もう少し詳しく見ていきましょう。』
　西郷隆盛が戦った最後の戦い西南戦争の「田原坂激戦之図」を提示します。

 発問：田原坂激戦之図を見て気付くことをできるだけ多く挙げよう！

　「薩摩軍も新政府軍も両方鉄砲使ってる！」『薩摩藩には士族の資金で運営する兵器工場集成館がありました。新政府軍は危険とみて密かにこの集成館から武器を持ち出したことから両者の関係が一気に悪化しました。』

98

Chapter5　見方・考え方を鍛える！学びを深める「近代・現代」授業ネタ

　『薩摩軍は士族ですが，新政府軍は？』「明治時代だから徴兵された平民かな？」『そう，この戦いは士族 vs 平民だったのです。戦いに不慣れな平民でしたが，最新の後装式銃を使い，薩摩軍の前から装弾する銃よりも優れていました。また西南戦争を戦う中で平民自体も鍛えられていきました。』
　平民がメンバーの新政府軍は，その他にも最新の技術を用いて戦いました。『東海名所改正道中　六　程が谷戸塚迄二り九丁』を提示します。

　発問：東海名所改正道中を見て気づくことは？

　「松の木に電線が埋め込まれてる！」『新政府軍は急遽街道の松の木に電線を埋め込むなどして，全国から電信機（モールス）で情報をキャッチできるようにしていました。さらには岩崎弥太郎の三菱にも協力をお願いし，7万人の兵士と武器を汽船で九州に素早く輸送しました。これらの最新技術をフル活用して，徴兵された平民の新政府軍が勝利しました。』

　発問：なぜ西郷隆盛たちは「ラストサムライ」と呼ばれているの？

　つまり西南戦争とは江戸からの士族中心の軍隊から近代国家の徴兵制の軍隊へと切り替わる戦いだったのです。さらに徴兵された平民も鍛えられました。西郷は平民の戦う姿を見て「日本はもう大丈夫じゃ」と言ったそうです。そして，この西南戦争以降は言論によって政府批判が行われました。

【参考文献】
・鹿児島県観光サイトかごしまの旅「ラストサムライたちの戦い―西南戦争―」（2024年1月3日閲覧）https://www.kagoshima-kankou.com/feature/segodonguide/seinan

（佐伯　侑大）

④明治時代

ダンスホールと製糸工場の共通点
―なぜイギリスは日本と条約改正を？―

ネタ→授業化のヒント
教科書に掲載されている鹿鳴館と富岡製糸場の図版を同時に用いて子どもたちの関心を集め，日本史と世界史をつなぐ深い思考を促します。

授業のねらい

　イギリスが条約改正に応じた背景を考えさせる授業です。製糸工場だけでなく舞踏会場までもが「官営」だったことから，交渉に苦心した政府の様子を印象付け，条約改正実現に至った背景を探ろうとする思考を導きます。

ネタ解説＆授業化のヒント

　授業のはじめに，岩倉使節団の写真を提示します。『今日の授業で，岩倉具視の念願が20年越しにようやく達成されます。彼らの世界旅行の目的は何だったかな？』と問いかけ，時代のつながりを意識させ，本時の見通しをもたせます。本題に入るときに，鹿鳴館の舞踏会のようすの絵を示します。

発問：この絵を見て，気付いたことをたくさん挙げよう！

　「踊っている」，「衣装が派手だ」，「タキシードとドレスを着ているよ」，「オルガンを弾いている」，「じゅうたんが綺麗」，「カーテンが西洋風だ」，「でも日本人だね」といった声が子どもたちから挙がることでしょう。鹿鳴館という施設の名称を説明した後に，次の問いかけをします。

Chapter5 見方・考え方を鍛える！学びを深める「近代・現代」授業ネタ

発問：では，次の２つの施設の共通点は何だろう？

　そう伝えて，鹿鳴館での舞踏会と，既習の富岡製糸場の図版を提示します。「富岡製糸場だ」，「共通点？外国人がいるのかも？」，「れんがづくり」と，子どもたちは，これまでに学んだことをもとに口々に発言します。

　『みなさん，いい気づきですね。ここでヒントをあげましょう。見つけてほしい共通点は，実は目には見えません。でも，教科書のどこかに書いている言葉です。』そう話すと，子どもたちは教科書を開き，鹿鳴館や富岡製糸場を探し始めます。そして，「官営」というキーワードにたどり着きます。

　『どうして官営なのでしょうか？』「政府が近代化を進めようとしたから。」「外国にアピールしたいから。」「外国にみとめてもらいたいから。」「条約改正をしたいからだ。」

　『そうかもしれませんね。江戸時代に結んだ不平等条約の改正は，明治政府の悲願でした。でも，このように欧化政策を進めても，条約改正はなかなか実現しませんでした。そんな中，ある国が条約改正交渉に応じます。』

発問：イギリスが日本との条約交渉に応じたのは，なぜだろう？

　この授業の中心発問です。気づかせたいのは，立憲国家となった日本の成長だけでなく，背景にある列強の覇権争いです。資料として「滑稽欧亜外交地図」（ロシアがタコとして描かれている風刺画）を示します。『この大きなタコは，何をしようとしているんだろうね？』などと問いかけながら，ロシアの南下政策を警戒するイギリスが日本への外交態度を変えたことに気づかせ，条約改正をとげた極東の日本が列強の競争の渦中に入っていく様子を捉えさせます。複数の答えが挙げられるので，クラゲチャートの活用も有効です。**世界史の文脈で日本を捉えるトレーニングになる授業**です。

（宮本　一輝）

⑤明治時代

フェノロサの視点で日本を見てみよう

ネタ→授業化のヒント
芸術作品に親しませる中で，明治期の絵画の特徴に気づかせます。フェノロサの視点を追体験させることで，日本社会にも目を向けさせます。

授業のねらい

「お雇い外国人」であった東洋美術史研究者フェノロサの視点で当時の日本美術を見つめさせることで，近代文化形成の社会背景を捉えさせます。明治政府の方針にともなって廃仏毀釈運動が起きた事実に気づかせ，性急に近代化を推進した政府の焦燥感や民衆の反応を想像させることをねらいます。

ネタ解説＆授業化のヒント

授業の冒頭で，『今日の授業は，みなさんで芸術作品を味わいましょう。目で見て感じたまま，作品に題名をつけてください。』と声をかけ，明治期の芸術作品を数点提示します（橋本雅邦「龍虎図」，横山大観「無我」，高橋由一「鮭」，浅井忠「収穫」，荻原守衛「女」など）。子どもたちは，思い思いに題名をつけ，発言することでしょう。このようにして関心を集めるとともに，子どもたちを近代美術の世界へいざないます。そして，正しい作品名を伝えた後，次の発問をします。

 発問：これらの作品のうち，明治時代のものはどれだろう？

「『無我』は江戸時代じゃない？」「『鮭』と『収穫』は，新しそうだね。」

「ブロンズの彫刻は，西洋っぽいから明治かな？」

『答えは，〈すべて明治時代の作品〉です。西洋風のものと日本風のものの両方があったようですね。では次に，この人物に注目しましょう。』

お雇い外国人について解説し，フェノロサの来日について紹介します。

活動：フェノロサが，この絵を見て何とコメントしたかを考えよう！

子どもたちには，狩野芳崖の「悲母観音像」を提示します。資料として，絵画比較の観点（写実性，影，輪郭線，色彩，細やかさ）を示し，黒田清輝「読書」と対比させます。グループで活動に取り組ませると，子どもたちは，「『読書』のほうがリアルだね。」「影がない。」「日本画は輪郭線がくっきりしているよ。」「フェノロサはこうゆうのが好きなんだなぁ。」などと発言するでしょう。この活動を通して，フェノロサが岡倉天心とともに日本画の復興に努めた様子を捉えさせます。そして，学びを深める次のクイズを出題します。

発問：来日したフェノロサは，ある光景を見て，大変ショックを受けました。それはいったいどんな光景でしょうか？

答えは，「仏像や仏画が処分されている光景」です。廃仏毀釈運動によって美術作品が破棄されていくさまに，フェノロサは心を痛めたことでしょう。なぜそのようなことになったのかを考えさせ，背景にあった国家神道の動きに気づかせるとともに，またそれまで崇めていた仏像を燃やす際の民衆の心情を想像させてみると，当時の社会への理解が深まります。

【参考文献】
奈良県観光局「祈りの回廊　明治維新から150年　フェノロサ〜日本美術を救ったアメリカ人」（2024年1月17日閲覧）http://inori.nara-kankou.or.jp/inori/special/17fenollosa/

（宮本　一輝）

⑥大正時代
パナマ運河設計に携わった青山士の境遇から国際情勢を捉える

ネタ→授業化のヒント
パナマ運河設計に携わった青山士が建設途中で帰国を余儀なくされた事実から，大正時代の日本をとりまく国際情勢の理解につなげます。

授業のねらい

　国際情勢は時に個人の自由を侵害します。アメリカがパナマ運河の建設をスタートさせたのは1905年，完成は1914年と，日本がまさに日露戦争後に大陸に進出して日米関係が急速に悪化した時期と重なります。建設途中の1911年，現地でも反日感情が高まっており，青山はスパイ容疑までかけられた末に無念の帰国となりました。国際情勢の影響を受けた市民の姿を通して，大正時代の国際情勢の理解を深めます。

ネタ解説＆授業化のヒント

　世界一周旅行のパンフレットの航路とパナマ運河の写真を提示します。
　『船が陸地を通っているところがありますが，わかりますか？』「ボートサイドとクリストバル！」
　『そのクリストバルっていうところにパナマ○○がある。』「運河！」

 発問：パナマ運河が無かったら，この世界一周旅行はどうなる？

「旅がめちゃくちゃ長くなるよ。」「すごく遠回りになる。」
『今現在も，貿易等で多くの船舶が行き来しています。』

『このパナマ運河は1914年に完成しましたが，実は日本人が設計に携わっています。青山士という人です。』

『しかし1911年，まだ完成していないのに，青山士は日本に帰らないといけなくなりました。なぜならアメリカで日本人に対する警戒心が高まっており，スパイ容疑までかけられてしまったからです。』

 発問：なぜ青山士が帰国しなければならないほど，日米関係が悪化したのだろう？教科書や資料集で調べよう！

「日露戦争で日本がロシアに勝って，少し警戒しているのかな。」「1年前の1910年に日本は韓国を併合しているよ。」「年表を見たら中国の満州っていうところにも進出しているね。」

『満州に関しては，アメリカも関心があったみたいです。（桂・ハリマン協定，満州の中立化）しかし，日本はこれらをすべて拒否しました。』

「日本も日露戦争で賠償金を取れなかった中で，なんとか獲得したのがこの南満州鉄道だったもんね。」

1906年には，サンフランシスコで日本人学童の入学拒否事件も起きるなど，当時アメリカ西海岸を中心に日本人移民排斥運動が激化しており，在外邦人に多大な影響がありました。親日家として知られるセオドア・ルーズベルト大統領も，日本との戦争になりかねない状況を憂いつつ，日本の危険性も指摘しています。後の海軍軍縮条約の学習にも繋がる内容です。また，太平洋戦争にはパナマ運河破壊計画まで持ち上がるほどに，後の戦争にもこのパナマ運河は多大な貢献をしたのでした。

【参考文献】
・高崎哲郎（2008）『評伝技師青山士―その精神の軌跡―』鹿島出版会
・宮路秀作（2023）『現代史は地理から学べ』SBクリエイティブ

（佐伯　侑大）

⑦大正時代

バウムクーヘンが日本に伝わった理由

> **ネタ→授業化のヒント**
> 第一次世界大戦で中国の青島を租借地としていたドイツ軍と日本は戦争になります。捕虜となったドイツ人と日本人との交流を学習します。

授業のねらい

　第一次世界大戦が勃発し，ドイツが租借地としていた中国の膠州湾（青島市を含む）を手に入れることは不況に苦しんでいた日本にとっては天の助けだと思うような出来事だったようです。捕虜となり日本にやってきたドイツ人から現在でも日本に根付く文化がもたらされた交流について学習します。

ネタ解説＆授業化のヒント

　教科書に書かれている1行の「第一次世界大戦で日本は，山東省のドイツ租借地や南洋諸島を占領しました。」の記述内容を導入で深堀します。中学校段階は世界の歴史と日本の歴史のつながりを意識させることが大切です。

 活動：なぜ当時の日本は中国のドイツ権益を狙おうとしたか調べよう！

「日露戦争時の軍事費返済に苦しんでいたから」「欧米諸国がヨーロッパの戦いに注力していた隙をねらったから」「日英同盟を結んでいたから」

 発問：ドイツ権益を手に入れた後の日本国内外の動きを確認しよう！

国内では5000人以上のドイツ人捕虜が日本の各収容所に来ます。坂東収容所ではベートーベンの『第九』が演奏されたことは有名ですが，日本の各地でドイツ人は様々な活動を行い，やがては日本人との交流が生まれ，日本社会に溶け込んでいった者も現れます。その中の一人としてカール・ユーハイムを取り上げます。彼はドイツの租借地になった青島市で小さな菓子店を営んでいました。解放後「明治屋」の菓子職人になり，その後横浜で菓子店を開きます。関東大震災後に神戸に移りドイツ菓子店「ユーハイム」を開業，バウムクーヘンで人気となりました。国外では中国に対して二十一か条の要求を突きつけ，その反発から五・四運動が起きます。そのスローガンに「青島を返せ」があったことからもつながりを感じることができます。この問いでは，同時代のヨーロッパ，中国，日本との関連に気づかせます。

　活動：第一次世界大戦後にアジアでの民族運動の高まりをまとめよう！

「中国では先ほど学習した五・四運動が起きました。」
「日本の支配下であった朝鮮では，三・一独立運動が起きました」
「英植民地のインドでガンディーの非暴力・不服従運動が起きました。」
『すべての民族運動の共通点は？』「自分たちが中心となった国を取り戻したい。他の国に支配されていたくないことだと思います。」
『このような自分たち国民，民族を重視する考えをナショナリズムと言います。アジアもヨーロッパで多くの国が独立したことに刺激されました。』

【参考文献】
・瀬戸 武彦（2006）『青島から来た兵士たち―第一次大戦とドイツ兵俘虜の実像』同学社
・株式会社ユーハイム「ユーハイムの歴史」（2024年1月20日閲覧），
　https://www.juchheim.co.jp/history

（小谷　勇人）

⑧大正時代

「令和デモクラシー」について考えてみよう

ネタ→授業化のヒント
知識の羅列に陥りやすい学習単元ですが，現在との比較を通して当時を見つめさせることで，時代のつながりや社会の普遍性を意識づけられる授業に変えることができるものと考えます。

授業のねらい

　大正期のデモクラシーの思潮の高まりとそれに呼応した社会運動の展開について理解させることが本時の最たるねらいです。大正期と現在を比較し，「人々の社会への願い」と「世に訴えるための手法」についてまとめさせることで，いつの時代にも解決すべき社会課題があり，人々の願いや努力，連帯が社会を変える推進力になっていたことに気付かせます。

ネタ解説＆授業化のヒント

　「デモクラシー」という，子どもたちにとって聞きなじみのない言葉が主題となる授業です。子どもたちがイメージをもちやすいものにするために，授業の導入で，現在における「デモクラシー（民主主義）」のあり方を想起させ，「大正デモクラシー」という言葉が内包するイメージを膨らませます。

　発問：「民主主義」と聞いて，連想することを挙げてみましょう。

　「話し合いで物事を決める」「多数決」「日本」「国会」「選挙」「デモ」「意見を尊重する」といった声が上がることでしょう。ICTを活用して，子ど

もたちが互いの解答を一斉閲覧できるようにしてみるのも有効です。

民主主義について少し解説をした後,「大正デモクラシー」という思潮が本時の主題であることを示し,次の学習課題を提示します。

> **活動**:「令和デモクラシー」について考え,表にまとめてみよう!

現在の社会において,①実現すべき人々の願いにはどのようなものがあるか,②世に訴える方法にはどのようなものがあるかについて考えさせ,表にまとめさせる課題です。現代社会を多面的に捉えるため,グループで取り組ませるのがよいと思います。子どもたちは,テレビ報道やSNS,ネットニュースなどによって得た知識から,現代社会の諸課題や発信方法についてきっと多くの意見を挙げることができるものと思います(下図の右側を参照)。インターネットを活用して調べ,見識を広げさせるのもよいでしょう。

次に,この表の「現在(令和)」の例にならって,「大正期」についてもまとめを作成させます。このときには,教科書や資料集などを活用させるのが効果的です。できたまとめから現在と大正期を比較させると,「人々が公正・公平を希求する思い」や「人々の連帯が社会を動かす動力源になること」が,時代を超えた普遍のものとしてあることに気づかせることができます。国際世論の後押しの下,大正期の人々が民主的な社会の実現を求めて行動した様子を,よりはっきりとした輪郭で捉えさせられるでしょう。

図

	大正期	現在
人々の願い どのような社会課題があるか (何のための運動が行われているか)	小作料の引き上げ 部落差別からの解放 女性差別からの解放 普通選挙(政治への参加) 労働者の権利	ブラック労働、過労死 貧困問題、一人親家庭支援 孤独・ひきこもり いじめ、差別 ネット上の誹謗中傷
世に訴える手法 社会にうったえる方法には、どのようなものがあるか	活動団体の結成 (全国水平社、青鞜社など) 集会、演説 ビラ配り、雑誌の発行 ストライキ	インターネットを使った 署名活動、団体結成 Twitterやインスタグラム等 SNSで発信 動画投稿 クラウドファンディング

(宮本 一輝)

⑨大正時代

竹久夢二の絵から大正時代を読み取ろう！

ネタ→授業化のヒント
明治から昭和の激動の時代を生きた画家，竹久夢二の描いた絵の変化から，大正時代の特質を学びます。大衆化の象徴として『黒船屋』が有名な竹久夢二が本当に描きたかった絵とは何だったのでしょうか。

授業のねらい

　明治から昭和を生きた画家竹久夢二の描く絵は，当時の日本社会の変化を反映したものになっています。彼の描いた絵を時系列に並べると，より鮮明にその変化が見えてきます。大正デモクラシー期の大衆化の象徴として語られがちな竹久夢二の『黒船屋』とはまた違った側面から大正時代を学びます。

ネタ解説＆授業化のヒント

　竹久夢二の『黒船屋』と『煙草を売る娘』の2枚を提示します。『竹久夢二は「夢二式美人」と呼ばれる女性の絵を得意としました。次の2つの絵のうち夢二の作品はどちらでしょう？』「左！」『正解は両方です。』「全然違う絵だね。」

 発問： 竹久夢二が本当に描きたかったのはどちらの絵でしょう？

　まずは，竹久夢二年表と描いた絵を関連づけて整理します。以下①〜③のようにまとめると，大正時代に起きた出来事と関連させて整理できます。

110

①社会主義に傾倒した時代

　夢二は日露戦争前後，社会主義に傾倒し，幸徳秋水とも交友がありました。そして，平民社の雑誌『直言』に「戦死した夫に涙する妻」を掲載しました。この時期には，足尾銅山の鉱毒で苦しむ村人たちも描いており，夢二は産業の発展の影で苦しんだ庶民をよく描いていたのです。

②「大逆事件」の後

　しかし1910年，天皇暗殺計画があったとして社会主義者，共産主義者が逮捕，処刑される大逆事件が起こりました。交友のあった幸徳秋水も処刑され，夢二も一時は疑惑があがり，拘留されました。これを機に，夢二は社会主義と距離を置き，広告代理店となって『黒船屋』などを作成しました。

③関東大震災の後

　夢二はスケッチブックとペンを持って連日数十キロを歩き，震災後の町の様子を描き続けました。それが『東京災難画信』の「煙草を売る娘」や「自警団遊び」です。死体から煙草を盗んで売る娘や，自警団が朝鮮人差別をした事実を真似して遊ぶ子どもを描きました。

　この流れを学ぶと，本当はどちらの絵を描きたかったのかが見えてきます。夢二も実際に「僕にとって切実な問題」と言って苦しんだ庶民や反戦の風刺画を描き，「パンになるから」と言って「夢二式美人」を描いていたのです。さらには，こんな発問も有効です。

発問：大正時代とはどんな時代でしょうか。「竹久夢二」「自由」の２つの語句を使って説明しよう！

　定期テストの設問としても使えます。大正時代に「自由」が暗黙的に制限されていた事実を，竹久夢二の生き様から学べる教材です。

【参考文献】
・三田英彬（2000）『〈評伝〉竹久夢二―時代に逆らった詩人画家―』芸術新聞社

（佐伯　侑大）

⑩昭和時代

「南満州鉄道が爆破された！」
―満州事変でメディアリテラシーも育む―

ネタ→授業化のヒント
近現代では当時の新聞や写真，動画をうまく活用することがポイントです。新聞記事を使って，当時の追体験をさせましょう。歴史の流れをつかめるのと同時に，メディアリテラシーにもふれることができます。

授業のねらい

　南満州鉄道爆破を伝える新聞記事をもとに，国民の意見を考えます。中国軍閥への反感をもつ意見が大勢を占める中，実はこの事件は日本の関東軍の自作自演であったことを伝えます。子どもたちはメディアの持つ力の恐ろしさに気づくことでしょう。現代のニュースを見る目にもつながります。

ネタ解説＆授業化のヒント
　当時の中国は，軍閥によってばらばらになっていました。その中で，日本も他の列強と同様に，中国での権益拡大を狙っていました。この状況を簡単に伝えた上で，南満州鉄道の話をしていきます。満州鉄道の写真を提示しつつ，ポーツマス条約でロシアから日本に譲渡されたことを振り返ります。

課題：1931年の新聞記事です。見出しなどから内容を読み取ろう！

　例えば，東京朝日新聞の記事では，次のような情報を読み取れます。

Chapter5 見方・考え方を鍛える！学びを深める「近代・現代」授業ネタ

- 奉軍（奉天の中国軍）が満鉄線を爆破した。
- 日本の鉄道守備隊が応戦した。
- 奉天城への砲撃を開始した。　　　　　　　　など

　当時の記事は読み解くのが難しいですが，昔のものを読む方が子どもたちはやりがいを感じるでしょう。「中国側が日本の満州鉄道を爆破し，関東軍が報復を行った。」「その後，治安の維持を目的に満州を支配し，満州国を建国した。」という流れを説明します。この内容に対し，子どもたちに意見を考えさせます。「中国への報復は仕方がないが，そのまま満州に居座るのはよくない。」という意見が多数を占めます。

　このように子どもたちの意見を導いた上で，『先生は，実はみんなにウソをついていました。』と切り出します。授業の内容の何がウソかを考えさせましょう。『実は，この新聞記事の内容がウソです。満鉄線を爆破したのは，日本の関東軍です。なぜ，自作自演の事故を起こしたのかな？』と進めていきます。子どもたちは，当時の国民と同じようにメディアの力によって世論が作られていくのを体感することができます。

　この満州事変は，戦時中は国民にはふせられており，関東軍が行ったという事実は戦後になって明らかになりました。また，『これって戦争じゃないの？』と問うことで，国家の都合の良いように出来事が伝えられるということにも気づくことができます。戦争とは宣戦布告から始まる国家間の争いであり，この満州事変は宣戦布告もなく，行われた戦闘です。実質的には中国への戦争であったにも関わらず，国家が「戦争」としませんでした。これはのちの日中戦争にもつながるもので，戦時中の日本の姿勢について考えを深めることができます。

（西田　義彦）

⑪昭和時代

特攻隊の手紙，どう解釈する？

ネタ→授業化のヒント
特攻隊の手紙の内容をそのまま読むのではなく，当時の状況を踏まえた上で子どもたちに解釈させることで，より深く学ぶことができます。

授業のねらい

　太平洋戦争中，スパイ行為による軍事機密の漏洩等を防ぐため，手紙の検閲があったことを映画「硫黄島からの手紙」から学びます。そして現在残っている手紙が検閲を通っていることを踏まえて，そのまま読むのではなく，当時の状況を踏まえて解釈することの大切さに気づかせます。

ネタ解説＆授業化のヒント

　映画「硫黄島からの手紙」のワンシーンにて，なぜ「後で俺に感謝することになる」と言っているのでしょうか。

　「せっかくの奥さんへの手紙を勝手に読んで笑っている。」「しかも勝手にペンで消している。」「ひどい人だ。」「なぜ感謝することになるの？」「この人はその前の会話で検閲を通らないと言っていた。」
　検閲とはスパイ行為による軍事機密の漏洩等を防ぐため，家族にあてた手紙等はすべてチェックされました。もし軍事機密に関することが書かれていた場合，どうなるでしょうか。
　「手紙が家族のもとへ届かないのではないか。」「きちんと奥さんのもとへ

手紙が届くようにしたから，感謝することになると言ったのでは？」「『穴を掘り…』の部分をダメだダメだ，と笑いながら消してくれていた。」「そうすると，今現在残っている手紙は，検閲を通った手紙ということになる？」「戦争反対の手紙なども検閲の対象だったのでは？」

　軍事機密の漏洩等を防ぐことが目的であった検閲でしたが，実際の戦果と異なる報道を大本営が行っていたこともあり，かなり厳しくチェックされていたようです。一方，検閲が入る軍事郵便ではなく，人に預けていた手紙等も残っており，そちらの方が当時の人々の心性をより表していると考えることもできます。

　その後，「映像の世紀」を視聴し，登場する特攻隊の手紙を解釈します。

　「自分の両親への感謝の言葉がつづられている。」「戦争への批判を書いてしまっては，届かないかもしれない。本心とは裏腹に，わざと戦争肯定に書いているのではないか。」「自分が死ぬことを両親に悲しんでほしくないから気丈にふるまっているのではないか。」「二人目の上原良司さんの方は日本の戦争について少し批判的なニュアンスが感じられます。」「これは検閲を通ったのかな？」

　ちなみに上原良司の所感は陸軍報道班員である高木俊朗へ直接渡しており，検閲を免れています。歴史の資料を読み取る際には，現在の私たちの目（感覚）で見るのではなく，当時の状況を踏まえて解釈する必要があります。

【参考文献】
・新井勝紘（2011）『「軍事郵便文化」の形成とその歴史力』郵政資料館研究紀要（２）
・クリント・イーストウッド（2006）『硫黄島からの手紙』
・NHK（1995）『映像の世紀第５集「世界は地獄を見た　無差別爆撃，ホロコースト，そして原爆」』

（行壽　浩司）

⑫昭和時代
「ハチ公」「かるた」「虫」から読み解く戦時下の生活

ネタ→授業化のヒント
戦時下の人々がどのような生活を強いられていたのか，国はどのようにして国民を戦争に向かわせたのか，具体例を交えてクイズ形式で学習します。

授業のねらい

　戦時下の人々の生活はどのようなものであったか，国はどのようにして国民を戦争に向かわせたのかを説明できるようにします。

ネタ解説＆授業化のヒント
クイズから授業を始めます。
『（渋谷駅前のハチ公像の写真を提示して）これ知っていますか？』
「ハチ公像！」『その通り。このハチ公何代目？』
「初代では？」「2代目！」「3代目くらいかな？」
『正解は2代目です。初代のハチ公像はどこにいった？』
「戦争の時に壊されてしまった。」「盗まれた。」
『実は大きな釜の中に入れられて，溶かされてしまいます。』
「かわいそう…」『なぜハチ公像は溶かされてしまったのでしょう？』
『（かるたの取り札を提示して）このかるたの読み札を考えてみよう！』
「ラッパで演奏楽しいな。」「ラッパで応援がんばるぞ。」
『「ラッパでシングン〇〇ごっこ」です。〇〇に入る語句は？』
「音楽会。」「戦争。」

Chapter5 見方・考え方を鍛える！学びを深める「近代・現代」授業ネタ

『惜しい。正解は『兵隊』ごっこです。このかるたが日本各地の子どもたちの遊び道具になりました。現在，このかるたが流行したら…』
「怖いことが起こりそう。」「日本が戦争する国になるかも。」
『なぜこのようなかるたが広まったのでしょう？』
『（写真を提示して）戦時中に発刊された雑誌です。記事のタイトルは「食用になる○○」○○に入る語句は？』「雑草。」「虫。」
『正解は「虫」です。なぜこのような特集の記事が書かれたのでしょう？
三つの問いから気になった問いを一つ選び，追究していきましょう。』

　一つ目の問いの答えは，武器の材料として金属が多く必要であったためである。金属には限りがあるので，国は金属回収令を発令し，国内の金属資源の回収・武器への再利用を進めました。

　二つ目の問いの答えは，子どもをはじめとする国民を戦争に向かわせる意識を育むためです。軍国主義的な教育を進める一助になりました。

　三つ目の問いの答えは，米の配給制による食料難をしのぐ方法を国民に示すためです。戦争への国民の健闘ぶりと交えて伝え，国民の戦争への士気を保とうとしました。これらの内容を，ジグソー法を用いて説明し合うことを通して，国が国民の戦争への協力を促し続けたことを学習できます。

【参考文献】
・文春オンライン「戦時中のボードゲームを遊んでわかった，当時のリアルな「戦争と軍人」乃木希典大将のメンコが「二千億兆点」!?《大日本帝国時代のゲーム15本総レビュー》」（2023年12月31日閲覧）
https://bunshun.jp/articles/-/64729
・アジア歴史資料センター「いまのハチ公は２代目ってホント？ Japan's Wartime and Postwar Periods Recorded」（2023年12月31日閲覧）
https://www.jacar.go.jp/english/glossary_en/tochikiko-henten/qa/qa26.html

（阿部　孝哉）

⑬昭和時代

鈴木貫太郎の人生から戦争の時代を振り返る

ネタ→授業化のヒント
鈴木貫太郎は海軍からスタートし，日清戦争から太平洋戦争終結までのすべての戦争に関わった人物です。彼の人生から戦争を振り返ります。

授業のねらい

　この授業は，戦争単元のまとめ段階を想定しています。鈴木貫太郎は海軍所属の際に日清戦争・日露戦争を経験し，昭和天皇の侍従長も務めます。二・二六事件で襲われ，最終的には太平洋戦争終結時の首相として有名です。彼の激動の人生から日本が戦争から学んだ反省点が見えてきます。

ネタ解説&授業化のヒント

　前時では戦争の終結を行ったことを確認します。1945年3月の沖縄戦・東京大空襲の後に首相になったのが鈴木貫太郎でした。日清戦争から太平洋戦争までの大まかな年表と鈴木貫太郎の略歴がリンクした年表を確認します。

 活動：鈴木貫太郎の人生と既に学んだ戦争に関わる年表を確認しよう！

「日本が経験したすべての戦争に関わった人物だと分かりました。」「二・二六事件でも襲われています。」「太平洋戦争を終わらせた首相です。」

 発問：鈴木貫太郎は軍人が政治に関わる時代をどう思っていたか。

Chapter5 見方・考え方を鍛える！学びを深める「近代・現代」授業ネタ

　立派な軍人としての経歴をもっている人物ですので，日本が戦争に向かう流れをつくった急先鋒だったのではと思いきや，鈴木貫太郎は昭和天皇の影響を受け，平和な国をつくらねばと日ごろから思っていた人物だったようです。エピソードとして，二・二六事件で襲われた際，首謀者となった一人である安藤輝三が鈴木貫太郎を事件前に尋ねた時，軍人は政治に関与すべからずという考えを聞き感銘を受け，当日は殺害を躊躇したというものがあります。総理大臣になったのも昭和天皇から戦争を終結させるために懇願されての就任という異例のものでした。この話からも鈴木貫太郎の人柄がよく分かります。この軍人が政治に関わらないという考えは，戦後の日本国憲法に息づいていきます。世の中が戦争一色になっていく中でも，ブレずに時代の大局を見据えながら今では反省しかない戦争への道に決着をつけました。

 発問：鈴木貫太郎と戦争の関わりから，あなたは何を学びましたか？

「昭和天皇は何よりも平和を望んでいたことを知りました。この戦争はよく軍部が暴走した結果と聞きますが，どこかで止めるチャンスはなかったのだろうか。」「このような時代でもちゃんと平和を望んでいた人もいたので，政治に多様な意見を取り入れる仕組みの機能が必要であることを学びました。」「政治には軍人が関わらないようにすることが絶対だと思いました。」
『世の中が戦争一色になっていっても，あなたならおかしいと意見を言えますか？』「言える。過去の戦争の記憶を忘れずに絶対悪と言い続ける。」「言える。過ちは繰り返さないよう将来の世代に語りついでいきたい。」
『戦争単元から学んだことを忘れないようにしよう。どれだけ戦争一色になっても，最後まで信念を曲げなかった鈴木貫太郎という人がいました。』

【参考文献】
・小松茂郎（2015）『終戦時宰相 鈴木貫太郎』潮書房光人新社

（小谷　勇人）

119

⑭昭和時代
シデハライズムで戦後改革
―五大改革から憲法9条まで―

> **ネタ→授業化のヒント**
> 協調的な「幣原外交」で知られる幣原喜重郎。満州事変の責任をとって政治の表舞台から消えた幣原が戦後まもなく内閣総理大臣として戻ってきます。単調になりがちな戦後の五大改革などの学習を，幣原の視点から捉えることで実感を伴った学びになります。

授業のねらい

　戦後の改革は単調な学習になりがちです。かつて協調外交を展開しながら満州事変で失脚し表舞台から遠ざかっていた幣原喜重郎が，戦後すぐに首相として戻ってきます。GHQや吉田茂に押されての就任でした。GHQの指令のもとで，日本を平和で民主的な国家に変える幣原の改革を学びます。

ネタ解説＆授業化のヒント

　1945年10月9日，戦後日本が平和で民主的な国に向けて改革する大切な時期に，GHQと吉田茂に後押しされて内閣総理大臣に就任したのが幣原喜重郎です。

> **発問**：日本が戦後再スタートする大切な時期に首相を任された幣原喜重郎ってどんな人？プロフィールをまとめよう！

　幣原喜重郎の簡単なプロフィールは，次のようになります。

Chapter 5 見方・考え方を鍛える！学びを深める「近代・現代」授業ネタ

- 駐米大使としてワシントン海軍軍縮条約をリード
- 若槻内閣，浜口内閣で外務大臣を務め，英米協調，対中国不干渉を中心とした「幣原外交」を展開
- この幣原外交は時に「軟弱外交」「弱腰外交」と批判される
- 浜口雄幸銃撃事件後は116日間，首相代理を務める
- 満州事変と関東軍を抑えきれず外務大臣退任

　YouTubeなどで簡単な動画を見せつつプロフィールを確認します。『幣原喜重郎ってどんな人？』「外国と平和的にやろうとしている！」「満州事変のときの関東軍とは少し違うかも。」
　このようにして，かつて満州事変で退任した幣原喜重郎が「国際協調」「平和」を重視する人物であることを確認します。だからこそ，戦後日本の平和で民主的な国家作りのタイミングで内閣総理大臣に就任したのです。

 発問：GHQの指令のもとで幣原の手がけた改革を調べよう！

財閥解体…幣原喜重郎の妻は三菱の岩崎弥太郎の四女です。身内の財閥を解体することになりました。かつては政治家と財閥も同じ親族であることが多いのです。加藤高明も親戚です。
五大改革…婦人参政権の付与では，義兄の加藤高明がかつて普通選挙法を実現させたものをさらに拡大したものです。
憲法草案…有名な９条は幣原も関わっているとみられています。少なくともその思想はマッカーサーと共有していたのです。

【参考文献】
・種稲秀司（2021）『幣原喜重郎』吉川弘文館
・服部龍二（2017）『増補版 幣原喜重郎』吉田書店

（佐伯　侑大）

⑮昭和時代

分割統治計画はなぜ戦後実現しなかった？

ネタ→授業化のヒント
日本の分割統治計画はなぜ実現しなかったのか，という切り口から歴史を解釈する学習へとつなげていきます。

授業のねらい

　太平洋戦争末期の1945年に構想された日本分割統治計画を題材に，どのように戦後の日本を統治しようとしていたのか，またなぜこの計画は実現しなかったのか，を考えることで，冷戦における各国の考えを踏まえ，子どもたちに歴史を解釈させていきます。

ネタ解説＆授業化のヒント

　発問：この資料は何を表しているのだろう？

　「これは日本地図です。」「色分けされているのは各地域でしょうか？」「でも中国地方と九州地方が同じ色です。」「北海道地方と東北地方も同じ色になっています。」「近畿地方は2色，東京にいたっては4色です。」「福井県が近畿地方と同じ色になっている。」
　これは戦後の日本を統治する際に考えられた日本分割統治計画です。ここにあるように九州地方と中国地方はイギリス，四国地方は中国，北海道地方と東北地方はソ連，関東地方から中部地方，三重県はアメリカ，近畿地方と福井県は中国とアメリカ，東京は4か国の統治という計画でした。

Chapter5 見方・考え方を鍛える！学びを深める「近代・現代」授業ネタ

「え?! 日本が4つの国に分かれて統治される計画があったのですか？」「これだと福井は中国語と英語を学校で学んでいたのかもしれません。」「福井で使えるお金はドルなのか，元なのか，ややこしい。」

ドイツのベルリンがこのような分割統治によって西側諸国と東側諸国とに分かれて分割統治されたように，日本も分割統治される計画がありました。

なぜこの計画は実施されなかったのでしょうか。

「広島と長崎に原子爆弾が落とされたが，そこはイギリスが統治することになっている。」「アメリカが沖縄を占領したのに，イギリスが統治することになっている。」「第二のヒトラーを生み出さないためにも，ゆるやかな間接統治がよいと判断したのではないか。」

この計画が実施されなかった最大の理由として，ソ連側の領土要求が強かったことが挙げられています。一方で，第一次世界大戦の反省から，日本に対して賠償金を求めないことや，天皇制の存続，間接統治という方針へと歴史がすすんでいくことを子どもたちに解釈させることで学びを深めます。

【参考文献】
・半藤一利（2022）『昭和と日本人 失敗の本質』KADOKAWA
・NHK（1977）『日本の戦後第1回 日本分割 知られざる占領計画』

（行壽　浩司）

⑯昭和時代

田畑政治，オリンピック物語！

ネタ→授業化のヒント
田畑政治の1964年東京オリンピック誘致のための動きを扱うことで，戦後の日本の状況や国際情勢，戦後復興を学ぶことができます。

授業のねらい

1964年に行われた東京オリンピックは，高度経済成長期を支えた一事例として扱われることが多いですが，田畑政治のオリンピック誘致の流れを扱うことで，戦後の日本の状況を幅広く学ぶことができます。

ネタ解説＆授業化のヒント

第二次世界大戦前，オリンピック本部役員や日本水泳競技の総監督をしていた田畑政治。戦後2か月後に，「敗戦で元気がない日本を救うのはスポーツだ」と考え，1948年のロンドン五輪に水泳競技での復帰を目指す。しかし日本の五輪出場は認められませんでした。

 発問：なぜ日本の五輪参加は認められなかったのか。

答えは，イギリスの国民が戦争を起こした国を許さなかったからです。また独立もまだ回復していなかったことも要因であり，独立を果たした1952年のヘルシンキ五輪には，独立回復の影響もあり，参加できました。

そんなヘルシンキ五輪の2か月後，安井東京都知事は，田畑を呼び出し，東京オリンピック誘致を提案しますが，田畑は断ります。

Chapter5 見方・考え方を鍛える！学びを深める「近代・現代」授業ネタ

発問：なぜ田畑は念願のオリンピック誘致を断ったのか。

　朝鮮特需の影響で，復興が進んできたものの，1949年にはドッジ不況もあり，いまだ国民生活が不安定な中で，多額の資金が必要となるオリンピックの開催は時期尚早だと考えたからです。一方で，同時期にヘルシンキ五輪で委員を行ったフレンケル氏からは，観光客が増えるから，利益の方が大きいと提案されます。

課題：五輪を誘致すべき？メリットデメリットを考え，判断しよう！

　世界へ平和になったことをアピールできる，観光客が増える，一方で支出の増加，貧困に苦しむ国民からの批判，等多面的・多角的に分析します。そして結果的に，五輪誘致に傾き，1964年の東京五輪開催につながります。

課題：東京五輪開催は良かったの？良い影響と悪い影響をまとめよう！

　直接的な良い影響としては，インフラの整備や世界へ日本の平和，復興をアピールできたこと，間接的には，世界からよく見られたい日本が貿易自由化を進め，貿易が活発になったことや観光客の増加が挙げられる。一方で多額の出費があったことや立ち退きを求められた住民がいたことが悪い影響として挙げられるでしょう。同様の視点で，2021年の東京五輪，2025年の大阪万博を評価することも可能であり，現代にも生かせる視点となるでしょう。

【参考文献】
・大野益弘（2019）『ミスターオリンピックと呼ばれた男田畑政治』講談社
・高橋洋一（2016）『戦後経済史は嘘ばかり 日本の未来を読み解く正しい視点』PHP研究所

(玉木　健悟)

おわりに

　本書では，「見方・考え方を鍛える」，「学びを深める」ことをテーマとした授業ネタを紹介しました。単なる興味を惹くだけのネタではなく，見方・考え方が鍛えられるネタ，学びが深まるネタを集めました。

　様々な変化の中で，授業のアップデートが求められています。しかし，授業に求められる本質は変わりません。①学びたくなる〈学びの入り口の保障〉，②全員が参加できる〈学びの平等性の保障〉，③力をつける〈学びの出口の保障〉を大事にしながら，目の前の子どもたちや状況に応じてアップデートしていくことが大切です。

　本書で紹介する授業ネタは，すぐ使え，力をつけるネタばかりですので，授業のアップデートに最適です。

❶ 授業ネタの分類とポイント

　本書の授業ネタは，あるモノを通して社会がわかる「わかるネタ」，教科書の内容に追加して理解を深める「深めるネタ」，学んだことを活用する「活用ネタ」など，多様な種類のネタを揃えました。読者の皆様が使いやすいネタから，ご活用ください。

　右頁の表は，コラムで紹介した授業ネタの分類と，それぞれのネタのポイントをまとめています。細かなポイントは他にもありますが，これらのポイントを踏まえることで，「優れネタ」に近づきます。また，本書を通して，ネタの発掘のコツやネタの用い方をつかんでいただき，より良い社会科授業づくりに生かしていただければ幸いです。

表　授業ネタの分類とポイント

	①素材ネタ	②ワークネタ
０．興味・楽しい	・学びに向かわせるための工夫（ARCS モデル）	
１．わかる	・具体化：具体的なモノや事例を用いる ・身近化：身近なモノで学習意欲を高める	
２．深める	・因果関係：「どうして？」から社会に迫る ・多面的・多角的：他学問や複数の立場から考える	
３．活用する	・総合化：単元の総まとめとなる課題を設定する ・オーセンティック：実際の社会の課題につなげる	

（筆者作成）

❷　仲間とともに学び合い，ともに成長する

　本書は，筆者が日頃から学び合っている仲間，そして，その学びの中で出会わせていただいた方々で執筆しました。執筆メンバーの中には，筆者の大学時代からともに学び，刺激を受け合い，教育実習をともにした仲間もいます。一方で，筆者が教育実習を受け持ち，学生時代に力をつけて教職人生を歩み始めたメンバーもいます。学び続けることで，様々な出会いがあり，ともに成長させていただいています。うれしい限りです。

　大阪のメンバーの大部分は，筆者が代表を務める授業研究サークル「KIT」に所属し，ともに学び合っています。日々，より良い社会科授業とは何かを考え，授業づくりに明け暮れ，定期的に実践を検討し合っています。その中で，お互いが鍛え合い，授業力を磨き合っています。

　本書をお読みいただき，「もっと知りたい」「ともに学びたい」と感じてくださった方は，授業研究サークル「KIT」のホームページをご覧ください。ぜひ，ともに学び合いましょう。

（梶谷　真弘）

【編著者紹介】

梶谷　真弘（かじたに　まさひろ）

1986年生まれ。大阪府立豊中支援学校・大阪府茨木市立南中学校を経て，現在大阪府茨木市立西中学校教諭。社会科，特別支援教育に造詣が深い。公認心理師。授業研究サークル「KIT」代表，支援教育研究サークル「SPEC」代表

【執筆者一覧】（掲載順）

玉木　健悟	奈良県川西町・三宅町式下中学校組合立式下中学校
行壽　浩司	福井県美浜町立美浜中学校
橋岡　大将	大阪教育大学連合教職大学院
阿部　孝哉	大阪府吹田市立豊津中学校
西田　義彦	大阪府岬町立岬中学校
佐伯　侑大	奈良県葛城市立新庄中学校
楠本　海豊	大阪府大阪市立東淀中学校
宮本　一輝	大阪府熊取町立熊取南中学校
小谷　勇人	埼玉県春日部市立武里中学校

中学校社会サポートBOOKS

見方・考え方を鍛える！
学びを深める中学歴史授業ネタ50

2024年8月初版第1刷刊　Ⓒ編著者　梶　谷　真　弘
　　　　　　　　　　　　　発行者　藤　原　光　政
　　　　　　　　　　　　　発行所　明治図書出版株式会社
　　　　　　　　　　　　　　　　　http://www.meijitosho.co.jp
　　　　　　　　　　　（企画）及川　誠（校正）安田　皓哉
〒114-0023　東京都北区滝野川7-46-1
振替00160-5-151318　電話03(5907)6703
ご注文窓口　電話03(5907)6668

＊検印省略　　　組版所　藤原印刷株式会社
本書の無断コピーは，著作権・出版権にふれます。ご注意ください。

Printed in Japan　　　　　　　　ISBN978-4-18-359822-6
もれなくクーポンがもらえる！読者アンケートはこちらから→